新时代美德健康新生活巡礼

美德之风 润齐鲁

MEIDE ZHI FENG
RUN QILU

山东省文明办 编

山东人民出版社·济南

国家一级出版社 全国百佳图书出版单位

图书在版编目（CIP）数据

美德之风润齐鲁：新时代美德健康新生活巡礼 / 山东省文明办编 . — 济南：山东人民出版社，2023.10

ISBN 978-7-209-14782-8

Ⅰ . ①美… Ⅱ . ①山… Ⅲ . ①精神文明建设－案例－山东

Ⅳ . ①D648

中国国家版本馆CIP数据核字（2023）第204305号

美德之风润齐鲁：新时代美德健康新生活巡礼

山东省文明办　编

主 管 单 位　山东出版传媒股份有限公司
出 版 发 行　山东人民出版社
出 版 人　胡长青
社　　　址　济南市市中区舜耕路517号
邮　　　编　250003
电　　　话　总编室（0531）82098914
　　　　　　市场部（0531）82098027
网　　　址　http://www.sd-book.com.cn
印　　　装　济南新先锋彩印有限公司
经　　　销　新华书店

规　　　格　16开（170mm×240mm）
印　　　张　22
字　　　数　284千字
版　　　次　2023年10月第1版
印　　　次　2023年10月第1次
印　　　数　1—3000
ISBN 978-7-209-14782-8
定　　　价　58.00元

如有印装质量问题，请与出版社总编室联系调换。

2013年11月，习近平总书记视察山东，提出推动中华优秀传统文化创造性转化、创新性发展的重大时代命题，赋予山东重大历史使命。中华优秀传统文化讲仁爱、重民本、守诚信、崇正义、尚和合、求大同等价值理念具有重要的时代价值，需要深入挖掘和阐发，使之成为涵养社会主义核心价值观的重要源泉。

山东立足把马克思主义思想精髓同中华优秀传统文化精华贯通起来、同人民群众日用而不觉的共同价值观念融通起来，充分发挥人文沃土可以深度耕作的比较优势，积极探索文化"两创"融入精神文明建设新路径，提出在全社会倡树"自律助人、孝老爱亲、诚信利他、节俭绿色、共建共享"的新时代美德健康生活方式，推动践行社会主义核心价值观融入日常、化作经常。

2022年以来，按照山东省委部署要求，各地大力推进倡树美德健康新生活，聚焦乡村、社区、学校、机关、企业五大领域，将倡树美德健康新生活与文明培育、文明实践、文明创建、全环境立德树人等统筹推进，守正创新、积极探索，涌现出一批有活力、效果好、受欢迎、可推广的典型做法，为推动美德健康新生活融入日常、化作经常作出了有益探索、形成了有效经验。

在文化"两创"要求提出十周年之际，为进一步深化中华优秀传统文化创造性转化、创新性发展，全面总结美德健康新生活的实践成果，我们围绕美德巡礼、美德实践、美德风采和美德思考四个方面，对各地的工作经验和典型做法进行梳理，汇编成《美德之风润齐鲁——新时代美德健康新生活巡礼》，供参考借鉴。我们期待这些经验做法能为各地带来启发，推动倡树美德健康新生活向纵深发展，为建设新时代美德山东作出新的贡献。

C 目录
ONTENTS

第❶章 美德巡礼

第❷章　美德实践

乡 村 篇

| 社 区 篇 |

| 学 校 篇 |

机 关 篇

企 业 篇

第❸章　美德风采

| 生活场景 |

美德之风润齐鲁——新时代美德健康新生活巡礼

特色品牌

身 边 故 事

美 德 之 星

第❹章　美德思考

第 **1** 章

美德巡礼

倡树美德健康新生活
构筑道德文明新高地

习近平总书记提出"两个结合"重要论断，为精神文明建设工作守正创新指明了努力方向。山东立足推动中华优秀传统文化创造性转化、创新性发展，把马克思主义思想精髓同中华优秀传统文化精华贯通起来、同人民群众日用而不觉的共同价值观念融通起来，充分发挥人文沃土可以深度耕作的比较优势，积极探索精神文明建设新路径，在全社会大力倡树新时代美德健康新生活，统筹推进美德山东和信用山东建设，推动社会主义核心价值观个人层面的要求融入日常、化作经常，持续提升"厚道山东人"形象。

科学谋划部署，系统做好"顶层"设计。把社会主义核心价值观融入法治建设、融入社会发展、融入日常生活，注重个人实践养成，加强教育引导、实践养成、制度保障，推动形成适应新时代要求的思想观念、精神面貌、文明风尚、行为规范。*加强宏观指导*。创新推动优秀传统文化和社会主义核心价值观相互融通，研究制定《关于倡树新时代美德健康生活方式的实施方案》，提出在全社会倡树"自律助人、孝老爱亲、诚信利他、节俭绿色、共建共享"的新时代美德健康生活方式，确定示范点2000余个，在乡村、社区、学校、机关、企业等重点领域全面推开相关工作。制定印发《关于统筹推进美德山东和信用山东建设的意见》《关于实施全环境立德树人加强和改进未成年人思想道德建设的意见》等文件，融通美德与信用，为倡树新时代美德健康新生活提供有力抓手。*深化工作部署*。着眼强化思想认识，提高责任落实，举办新时代美德健康新生

▲ 首届中华印信文化精品展以"印证诚信 共鉴文明"为主题

活工作推进会，统筹推动美德山东和信用山东工作推进会和新礼仪改革工作座谈会，实施美德和信用进机关单位、进村庄社区、进学校家庭、进企业行业、进网络空间"五进"工程。推动各级宣传思想文化系统进行骨干培训，将美德健康新生活纳入省委党校（行政学院）基层党组织书记培训课程，引导广大干部群众深刻把握美德健康新生活的内涵，形成广泛思想共识。**加大政策保障**。建立完善统筹推进美德和信用建设工作协调机制，同向发力、协同高效。统筹推进山东省新时代文明实践志愿服务信息平台和社会公共信用信息平台建设。制定《山东省美德和信用激励嘉许办法（试行）》，建立完善美德和信用评价应用机制，丰富倡导性、奖励性应用场景，鼓励银行、税务、文化和旅游、市场监管、市政、财政等部门，结合实际制定具体政策措施，共同支持美德山东、信用山东建设。

深化阐释宣传，广泛引导"全民"共倡。倡树美德健康新生活是精神文明建设领域的重大创新，通过通俗化阐释、大众化解读、系统性宣传，引导广大干部群众深刻理解其现实意义和重大作用，形成积极倡导、大力推动的思想自觉和行动自觉。**持续深化**

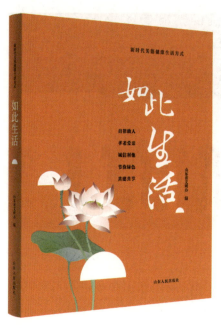
▲美德健康新生活大众读本《如此生活》

美德之风润齐鲁——新时代美德健康新生活巡礼

研究阐释。编辑出版美德健康新生活大众读本《如此生活》，免费为各类新时代文明实践阵地配发2万余册，举办新书发布会，指导各地广泛开展读书会、分享会，推出融媒有声漫画读物，用群众喜闻乐见的方式传递美德健康生活理念。以个人层面社会主义核心价值观与道德建设贯通结合研究为题，深入基层调研，开展"您心中的'如此生活'"美德健康新生活线上问卷调查，形成高质量报告。扎实开展专题宣讲。发挥领导干部、专家学者、先进模范、基层党组织书记、身边好人等重点群体作用，组建美德健康新生活宣讲员队伍，广泛开展对象化、分众化、互动化基层宣讲，组织开展"千人万场宣讲""美德健康新生活大讨论"等活动3000余场，面向基层讲清讲透新时代美德健康生活方式的多重意义和实践要求，让群众听得懂、易理解、能践行。精心组织主题宣传。研究制定《新时代美德山东主题宣传方案》，在省级主流媒体开设"新时代美德山东""志愿山东·晚晴守护"系列专题节目，推出"国学小名士""中国礼·中国乐"等综艺节目，制作"苏小妹说美德健康新生活""小吕知话志愿服务"等融媒体产品，举办"新时代美德山东"公益宣传征集展示活动，汇集作品近6000余件，推动美德健康新风深入人心、落地践行。

注重贯通融合，全面聚合"多元"力量。倡树美德健康新生活，是推动全省精神文明建设工作的系统工程，也是推动文化"两创"融入精神文明建设的总抓手。**与文明培育贯通结合。**大力弘扬中华传统美德，持续深化移风易俗，扎实开展"反对浪费、文明办事"专项行动，推广新时代文明实践结婚礼堂、文明迎亲队、追思会等一批好经验，积极选树"好媳妇""好公婆""文明家庭"等一批好典型，推出"山东好人""齐鲁诚信之星""最美人物"等一系列群众身边的榜样。推进新礼仪改革试点，指导各地探索新礼仪改革，依托重大节日、重要节点设计推出现代"学礼""婚礼""重阳礼"等节庆礼和祝福礼流程。**与文明实践贯通结合。**强化美德健康新生活和文明实践展示带（区）、综合体建设，从指导设置统一标识、LOGO，设置打卡地图等入手，突出美德健康主题元素。紧紧围绕为老、为小、为困难群体、为需要心理疏导和情感慰藉群体、为社会公共需要服务，广泛开展"十助常陪四解"为老暖心服务、"五育三保"为小爱心服务、"五帮四送"为困舒心服务和"五进四建"为心理开心服

▲山东省暨济南市学雷锋"为老"志愿服务项目展示交流会

务等，全省共开展美德健康新生活主题志愿服务活动35万余场。**与文明创建贯通结合。**将美德健康生活方式融入文明城市、文明村镇、文明单位、文明家庭、文明校园创建全过程各环节，擦亮文明底色，厚植创建成色。推进"五好家庭""最美家庭""书香家庭""廉洁家庭""诚信家庭""绿色家庭"等特色创建，引导群众向上向善、孝老爱亲、重义守信、勤俭持家。推动党员干部带头践行，从机关党建和干部政德教育入手，从日常行为规范抓起，与省直机关联合开展"六个一"活动，把倡树美德健康新生活作为发展党员、评先树优的重要参考。

突出实践养成，持续释放"内化"效应。着眼于个人的日常生活，突出场景化、日常化、形象化，持续营造易于落地践行的生活情境和社会氛围，促进美德健康新生活从"理论形态"向"生活形态"的转换。**融入地域文化。**充分挖掘本地区文化中的优秀道德规范和人文精神，在公共空间设计上呈现美德健康生活方式主题，以剪纸、陶塑、绘画、诗歌创作等方式，推动传统美德涵育文明新风。**丰富场景应用。**将美德健康元素有机融入各类生活场景，鼓励各地打造美德街区、美德公园、美德基地，成立"和事佬""美德会客厅""美德健康新生活工作室"，广泛推行美德超市、暖心食堂等应用场景，重点打造济南曲水亭街、曲阜鲁源新村"流淌的经典"等一批美德健康生活方式展示点，

引领推动美德健康新生活理念落在身边、化作经常。加强创意策划。部署开展"新时代美德健康新生活"系列策划创意活动，开展美德健康新生活文创产品设计大赛，举办美德健康新生活文创产品展示活动，通过举办赛事、产品展示等活动，将美德健康新生活日常要求转换成通俗易懂的文化形象标识，融入各类生活化的文创产品，推动美德健康生活方式理念更加具体化、形象化，融入日常、浸润生活，以新颖的方式、丰富的内涵吸引人们互动践行。

（山东省委宣传部）

倡树美德健康新生活　引领泉城生活新风尚

济南市将倡树美德健康新生活融入文明培育、文明实践、文明创建，不断推动美德健康新生活理念深入人心，走进千家万户。

全领域推进，美德健康新生活花开遍地。围绕五大领域分类施策，精准发力，各美其美。在乡村，深入实施农村文明创建"双美"行动，组织万余人次文艺志愿者下乡村送文艺，倡树乡村文明新风。章丘区"文明有章祭扫行动"和钢城区"家有喜事就

▲济南市举办"一城大爱暖泉城"学雷锋志愿服务典型颁奖活动

种树"做法被央视报道，历城区朱家庄村"村超"足球联赛火爆出圈。在社区，广泛开展唱演美德内涵、拍摄美德瞬间、讲述美德故事等活动，使居民将美德理念内化于心、外化于行。历下区大明湖街道

创新实施"四加"工作法，所辖曲水亭街片区被列为省倡树美德健康新生活示范点。在学校，坚持全环境立德树人，广泛开展"童心向党"教育实践活动，举办"国学小名士"中华经典诵读、暑期"思政同一课"等系列活动，帮助青少年"扣好人生第一粒扣子"。全市17所中小学被认定为省中华优秀传统文化传承示范校和红色文化传承示范校，数量居全省之首。在机关，广泛开展模范机关创建，深入推进"双报到"活动，评选表彰全市"攻坚克难好干部、好团队"，举办

"学讲话、促结合、尚勤廉"中华优秀官箴文化展，促进机关工作作风全面提升。在企业，把美德健康生活理念融入企业文化建设，引导各类企业争做诚信守法、服务社会的模范典型。济南轨道交通集团、济南万融产业发展集团等企业，主动认领志愿服务项目，践行公益回馈社会，充分彰显责任担当。

品牌化发展，美德健康新生活亮点纷呈。以"一城大爱暖泉城"文明实践品牌为统领，将倡树工作与文明实践深度融合。着力打造"书香泉城"品牌，精心组织书香泉城"六个一"活动，启动"爱阅之都·泉民悦读"书香地铁主题列车，开展"读·立"沉浸式家庭读书会、"济图甄选"云荐书等活动，建成高品质泉城书房44家，建设闻得见满城书香的"爱阅之都"。

着力打造省会大剧院"爱心剧场"品牌，聚焦尊崇礼遇特殊群体和"为老为小"服务，坚持"一月一主题"，组织公益演出40余场次，惠及群众近万人。着力打造"体惠泉城·健康生活"全民健身志愿服务品牌，在15个区县（功能区）建设全民健身示范站点，广泛开

▼济南市举办"一城大爱暖泉城"文明实践活动

展科学健身志愿服务，引导更多市民培树健康理念，参与全民健身运动。着力打造"爱心集市"公益品牌，将每周六定为"爱心集市"日，精准对接群众需求，提供专业化志愿服务，形成服务时间、服务地点相对固定的常态化服务模式。着力打造文明创建智慧平台，线上利用"我爱泉城"APP建立市民文明行为激励回馈制度；线下开展学习宣传党的二十大、践行餐桌文明等主题活动，用智慧化赋能美德健康新生活。

多维度倡树，美德健康新生活引领风尚。多层次挖掘亮点。持续擦亮"济南好人多"城市品牌，举办"倡树新时代美德健康生活方式"随手拍征集活动，扎实组织"道德模范""济南好人""文明家庭""新时代好少年"等典型推荐评选。2022年以来，评选"济南好人"135人，"新时代好少年"80人，72人入选"山东好人"。营造浓厚社会氛围。结合文明城市创建，在公益广告、景观小品中融入美德健康新生活元素，打造具有"齐鲁风、济南味"的街区宣传景观。开

▲济南市开展"倡树美德健康新生活　践行餐桌文明'新食尚'"活动

发系列文创产品，通过网络媒体、电子屏等大力宣传社会主义核心价值观、《如此生活》等内容。举办"一城大爱暖泉城"系列选树和"五为""为老"志愿服务展示交流活动，营造各界大力支持、群众积

▲在"五为"文明实践志愿服务启动仪式上，志愿者现场普及应急救护知识

极参与的良好氛围。让大流量澎湃正能量。立足"搭建大平台、传递正能量、创造大流量"，建立"泉城发布厅"，对"济南榜样"进行统一发布、宣传和推广。截至目前，已成功举办"出彩型"好干部、最美教师、最美职工等发布活动16场，网络累计传播量逾5亿人次，有效地扩大了先进典型的覆盖面与影响力。

（济南市委宣传部）

文明风尚耀岛城　美德青岛启新篇

　　青岛市坚持系统思维，统筹推进各项工作，突出宣传倡导、教育引导、典型带动、实践养成，大力传承弘扬中华优秀传统文化，推动社会主义核心价值观融入日常生活，形成美德健康社会环境、和谐关系、精神风貌。

　　突出宣传倡导，启发认知，凝聚精神力量和思想共识。从群众需求点、兴趣点、共鸣点入手，打好宣传倡导"组合拳"。**搭建宣传矩阵。**组织市级媒体开设专栏专题、云课堂，讲清讲透倡树美德健康生活方式的时代意义，讲好美德青岛感人故事。"一元欠条""最美弯腰"的故事全网转发，正能量涌动大流量。利用1.5万余个电子显示屏日均播放美德健康生活方式公益广告30余万次。**深化宣传品牌。**连续推出"您懂得·别忘了"文明提示语、提示画，丰富"小细节大文明""细节彰显文明"等网络栏目，对话美德、浸润人心。**创新IP**

▲青岛市举办"学雷锋　当先锋　我与城市共提升"主题活动

形象。推出"山哥海妹""墨小牛""二十四节气精灵"等卡通形象，发布文明礼仪、移风易俗等系列动漫宣传片、短视频、微信表情包、海报等，点播使用量逾千万人次。**加强线下宣传**。开展"树文明新风"宣传活动1万余场次，发放"衣食住行、言行举止"礼仪倡议书，推动形成力树美德的浓厚氛围。

突出教育引导，启智润心，搭建有效载体和日用场景。

在教育引导上下功夫、求实效，持续探索深入群众、黏合群众的做法路径。**强化阵地建设**。依托6000余处新时代文明实践阵地，开办线上线下

▲青岛市开展美德健康生活方式业务培训会

美德健康讲堂，培育121个示范场所，高标准建设"大爱青岛"展览馆，全面展现美德建设成果，丰富教育场景，增强体验感。**加强美德宣讲**。市级组建1支120人的美德健康新生活宣讲团，与900余支区（市）志愿宣讲队伍共育共训，打造140余个特色宣讲品牌，深入开展宣讲活动5600余场次，受众400万余人次。**拓展教育形式**。融入Trash Running公益捡跑等活动、海尔智家健康等生活场景，融入电影、音乐、图书、养生等，创新方式、丰富内涵、寓教于乐，吸引更多人参与其中。

突出典型选树，引领带动，描绘榜样形象和精神画像。扎实开展先进典型选树工作，将先进典型的感召力量、榜样精神、优秀品质融入美德青岛精神谱系，示范带动全社会崇德向善。**完善工作机**

制。建立全市典型推树工作小组，完善挖掘选树、跟踪培育、学习宣传、管理引导机制，推出道德模范、文明市民、最美家庭、志愿服务先进典型等各级各类先进典型数万名。**讲好美德故事**。各级媒体广泛宣传先进典型事迹，宣传"红飘带"诚信精神，"振超效率""连钢团队""干就干一流、争就争第一"的敬业精神等，引导人们见贤思齐、择善而从。城阳区讲述"城阳故事"2100多个，出版发行《城阳故事》5本。西海岸新区开展"德育银行杯"村居文明美德故事征集，评选出文明美德故事80个。**深化聚合效应**。将典型影响带动融入日常、化作经常，建立2000余个文明实践家庭站和模范工作室，结成邻里互助对子2600多个。

突出实践养成，日用不觉，激发美德基因和信仰力量。注重在实践中帮助人们树立美德健康理念、培育美德健康习惯，激发山东人骨子里的美德基因和厚道品质。**推动善行转化**。试点推行积分兑

▲青岛市举办"感动青岛"道德模范发布仪式暨颁奖典礼

▲婚礼现场赠送新人美德婚书和《如此生活》读本

换激励机制，着力打造闭环式道德转化链条。西海岸新区实施乡村治理"德育模式"，惠及村民10万余人，用小积分撬动大治理。莱西市打造"道德积分兑现"闭环运营数字平台，覆盖657个自然村，工作经验入选全国乡村治理中推广运用积分制的典型案例——深化"五为"服务。发动245万余名志愿者积极参与"五为"服务，深化3976个重点项目。创新"一键呼叫"助老系统，推广"助老食堂"助老做法、"邻居节"互助模式，弘扬敬老孝亲、睦邻友爱的美德风尚。倡树文明新风。深化新时代结婚礼堂建设，累计为1500余对新人举办新式简约婚礼，使文明新风吹遍岛城。广泛开展"光盘行动""空瓶行动""反对浪费、崇尚节约""闲置物品交换"等活动，深化20余个海洋生态、野生动物保护志愿服务项目，引导共建共享美丽家园。

（青岛市委宣传部）

倡树美德健康　擦亮文明底色
描绘"人好物美心齐"新图景

"淄博人的热情厚道，真的把我暖到了""在淄博你可以大胆购物，这里没有缺斤短两""这才是文明城市该有的样子"……3月以来，随着淄博城市影响力和美誉度的不断提升，全国各大网络平台对淄博的正面评价、评论高达95%以上。更多网友认为，捧红淄博的不是烧烤本身的香味，而是香味之外那股"人情味"。这种"人情味"折射出的是淄博人深藏在骨子里的厚道，彰显的是城市文明的"内在气质"。

文明之花的不断绽放，必有道德沃土的丰厚滋养。淄博市以社会主义核心价值观为引领，大力实施"有淄有爱"文明创建工程，积极倡树新时代美德健康生活方式，全力打造"一座最有爱的城市"，描绘出精神文明"人好物美心齐"的新图景。

坚持贵在"立德"，把握正确方向。国无德不兴，人无德不立。2022年以来，淄博始终坚持以社会主义核心价值观为引领，牢牢把握正确政治方向、价值取向、舆论导向，将倡树新时代美德健康生活方式

▲淄博市"如此生活美淄淄"主题宣讲活动启动暨周村区"小周老师"讲美德系列微课开机仪式

融入贯穿文明实践、文明培育、文明创建全过程。先后编印了《美德健康60道》《焦裕禄家风与博山孝文化》等大众读本，创作《追梦长歌》《大爱无疆》《温暖》等各类曲艺节目20余个。在宣讲普及方面，线上，采取全媒体、全口径宣传展示，形成"听、读、看、讲"四位一体的"美德云"宣讲传播体系，疫情期间开展的"文明居家抗疫情·美德健康护家园"线上服务系列活动，征集作品5360篇，参与群众达73.5万余人次；线下，组建美德宣讲团511个，依托"沂源红""明理胡同""晓理说事"等品牌宣讲8500余场次。

从"小故事"到"大道理"，从"小板凳"到"大讲堂"，淄博用"听得懂、能理解、见实效"的宣讲"小气场"，感染带动更多的人感受美德力量，汇聚成全市精神文明建设的"大气候"。

坚持融在"两创"，培育文明新风。古为今用，推陈出新。淄博是齐文化发祥地，蕴含了丰富的文化资源。淄博坚持以中华优秀传统文化为根基，注重将文化"两创"融入精神文明建设，对照

▲桓台县新时代文明实践服务中心组织开展美德健康生活方式大众读本《如此生活》读书分享会

"古"与"今"，做好"取"与"舍"，设计推出杯垫、书签、文化衫等美德创意日用产品30类，发布《齐人有礼"新风10条"》。打造了"走胶济·品淄韵""大爱山川·淄水流韵""一水三线"等10条文明实践展示带（区）。以培育时代新人为己任，实施"明德齐语"全环境立德树人工程，开展线上线下宣讲2670场次，受众达300余万人次。

让优秀传统文化走进日常生活，就是让"高冷"的文化变成百姓们津津乐道的生活话题，这样才能让传统文化真正走到群众中去。

▲"一座最有爱的城市"墙面彩绘公益广告

坚持重在"实践"，引导美德养成。道不可坐论，德不能空谈。淄博坚持以日常行为习惯养成为落点，着眼于将倡树新时代美德健康生活方式落在个人、家庭、社群等基本单元，体现工作、生活、交往各个场景。先后实施了"美德+"应用场景打造工程，建设美德广场、美德公园、美德街区300余处。联合11个部门共同评选出"最美公务员""最美警察"等最美人物100人，实行美德信用积分制，打造"美德微超"，定期开展十佳"好婆婆、好媳妇""最美家庭"等选树活动，让"最美之花"在淄博次第绽放，也让更多有"德"者有"得"。以打造"一座最有爱的城市"为目标，实施有爱之城"十个一"工程，孵化出"梦响淄博·千愿成真""蓝丝带"爱心助考等4000

▲淄川区"明理胡同"宣讲队在明理亭开展美德宣讲

余个服务项目，发展"五为"文明实践志愿服务队伍1.2万余支，注册"爱淄博随手拍"巡访员22万余人，有效处理群众关切问题14.5万余个，群众评价总体满意度达99%，全市107万余名志愿者用一抹"志愿红"温暖了一座城。

文明风尚蔚然成风，美德宣传随处可见，志愿服务如火如荼……走在淄博的大街小巷、村头院落，一街一景，一言一行，无不感受到这座城市文明的气息与温度。

（淄博市委宣传部）

立足"三个多"
推动美德健康新生活蔚然成风

枣庄市坚持以社会主义核心价值观为根本，以建设新时代美德枣庄为目标，将美德健康生活方式融入文明培育、文明实践、文明创建全过程，推动形成适应新时代要求的思想观念、精神面貌、文明风尚和行为规范。

打造多元展示平台，营造浓厚社会氛围。大力实施新时代文明实践中心提档升级工程，在阵地"五有"标准全覆盖基础上，对6个中心、65个所、2172个站逐步深化质效全覆盖，将美德健康新生活延伸至群众身边。积极整合各类资源，做到"不为所有、但为所用"，

▼美德健康生活方式展示

拓展打造"薛绒花"服务点、"城管蓝"爱心驿站等新时代美德健康生活方式示范点470余处，打造"一点一品"特色化阵地，构筑起各行各业跨界共享、线上线下即时联动的支撑体系。强化数字赋能，构建了以"文明枣庄"APP为中心的"1+6"矩阵，打造多功能的综合性文明实践网上平台，广泛开设"美德健康新生活""倡树新时代美德健康生活方式每周速览"等专栏，连续两年举办"新时代美德枣庄"公益宣传作品征集展示活动，提升群众倡树新时代美德健康生活方式的积极性和主动性，实现了从相"加"阶段到相"融"阶段的成功迈进，做到"两心"融合、双向赋能。

开展多彩主题活动，强化日常实践养成。坚持把团结凝聚群众作为倡树新时代美德健康新生活的出发点、落脚点，突出理论宣讲"首位度"，用好《如此生活》读本，创新"理论+故事""理论+文艺"模式，通过莲花落、鲁南小鼓、柳琴等生动活泼、群众喜闻乐见的方式，把美德健康的课堂搬到农家院坝、田间地头、文化广场、建筑工地等基层一线小场景，使微课程呈现于群众"指端"，以"见缝插针"的灵活方式开展美德健康宣讲活动2680余场，推出了"滕言善语""亭好的""峄起学习""理响讲台"等一批优秀宣讲品牌，其中"薛思明理"宣讲团荣获中宣部表彰。将志愿服务作为倡树美德健康新生活的主要方式，构建以市级总队为龙头，17支专业队伍为支撑，各类基层志愿服务小队为主体的"1+17+N"新时代

▲《如此生活》读书分享会

文明实践志愿服务体系，形成了点多面广、功能完备的"15分钟志愿服务圈"。在此基础上，根据"需求侧"精准布局"供给侧"，统筹抓好普惠城乡大项目和个体分众微项目，打造了"滕爱您""花开市中""亭暖心"等志愿服务品牌，累计开展志愿服务活动2.9万余场次，服务时长超过173万小时，让"有时间做志愿者、有需求找志愿者"成为现实。

破解多方治理难题，凝聚向上向善力量。坚持以美德健康生活方式激发社会基层治理活力，从市民百姓可参与、可受益的"小切口"着手，聚焦社会基层治理的"矛盾点""隐患点"及群众生活的"困难点"，发挥文明实践网格员"宣传员""调解员""信息员"作用，持续擦亮"榴乡诉递""姊妹拉呱室""小红伞妇女儿童维权调解室""红石榴议事厅"等项目品牌，搭建了集纠纷化解、法律服务、普法宣传、心理疏导、志愿帮扶为一体的"一站式"服务体系，引导群众争做文明市民、争当实践先锋。着力涵育文明乡风，广泛刊播《枣庄文明20条》《乡村文明10条》，借助村规民约修订时机，注重"集

▲ 枣庄市市中区辛庄社区群众来到新时代文明实践站姊妹拉呱室，同阳光雨露志愿者聊心事、话家常

▲枣庄市"身边好人"媒体见面会

民智、汇民意",将"法治、德治、自治"相关内容全盘融入,实现乡村治理工作"一约统揽"。健全村民议事会、道德评议会、红白理事会等群众组织,搭建村级"说事议事主事"平台,充分发挥"五老四员"和新乡贤作用,引导更多群众深入参与移风易俗"四倡四禁"、乡村文明行动等文明实践活动,实现自我管理、自我服务、自我提升。开展"好媳妇""好婆婆""文明家庭""美丽庭院""道德模范"等各类评选活动,举办文明家庭宣讲会、道德模范故事会、好人见面会等,充分发挥群众身边可感可触、可敬可学、能评能议的榜样力量,激发见贤思齐、向善向美的内生动力。

(枣庄市委宣传部)

让新时代美德健康生活扎根黄河口

　　东营市深入开展新时代美德健康生活方式进乡村、进社区、进学校、进机关、进企业"五进"活动，以点单式宣讲筑思想根基，以实质性激励增内生动力，以典型示范带动面上工作深入开展，以多场景应用促融入生活，让新时代美德健康生活方式扎根黄河口、开出文明花。

　　实施"美德讲堂"宣讲工程，推动美德信用入脑入心。依托新时代文明实践中心（所、站）开设"美德讲堂"，打造美德信用"进农村"前沿阵地。完善宣讲体系，广泛开展美德信用宣讲。利用新时代文明实践志愿服务网，通过定制"菜单"、群众"点单"、实践中心（所、站）"派单"、宣讲员"接单"模式，广泛开展美德诚信宣讲活动1576场次，惠及群众65万人次。创新宣讲形式，打造多元宣讲阵地。积极搭建宣讲平台，充分发挥线上新媒体平台优势，积极推广"大喇叭"工程和线上"云宣讲"，推出吕剧、歌曲、剪纸等"文艺+宣讲"，涌现出"宣讲专列""汇声汇色"等特色宣讲品牌。

▲东营市开展"美德健康新生活进社区"专题培训

打造过硬队伍，推出美德信用精品课程。从干部职工、老党员、网格员中发掘选拔，形成"少年红""跃青春""俏夕阳"系列宣讲队伍，打造精品课程35个，让"身边人讲述身边事、身边事教育身边人"，用"乡音土话"将美德信用融入日常。

探索"德者有得"激励机制，激发群众参与动力。建立"美德+信用+积分"模式，为美德积分。明确守信激励服务清单。梳理确定守信激励服务事项111项，依托文明实践站组织村民参加文明实践活动，积累美德信用积分，全市美德信用积分已涵盖12万余户。完善激励回馈机制。实施"美德成金·无感授信"信贷项目，推出"美德信用幸福积分贷"系列产品，已累计授信5亿元。建成一批美德信用特色商圈，建立诚信联盟，吸纳爱心商家292家，推出美德信用积分购物优惠政策，开辟诚信购物绿色通道，让有德者得实惠。打造"诚垦分"积分量化品牌。突出政务诚信引领作用，将办理人的"诚垦分"直接打印在政务服务大厅的"叫号小票"上，根据美德信用等级优先办理业务。

▲东营市垦利区美德信用驿站

实施展示推广工程，带动面上工作深入开展。 挖掘新时代美德健康生活方式倡树工作范例，用鲜活案例做好引领示范。**推动创新引领。** 举办美德健康生活方式展示交流活动4期，展示特色创新做法100项。举办"绿色行动　油地同行"东营市倡树绿色低碳生活方式十大行动宣传推广活动，获得山东省委常委、宣传部部长白玉刚同志高度评价。**实施示范带动。** 打造100个展示点、5个展示带，涌现出东营区"品质油城"、河口区"河乡悦色"、利津县"金河滩"等特色工作品牌和垦利区"黄河南展片区"、广饶县"乘南片区"等优秀展示带。**用好标准教材。** 多层面组织召开《如此生活》读书分享会、座谈会、诵读会等活动26场次，以文明实践站为载体，在基层群众中掀起学习读本、学会生活，崇尚时代美德、享受健康生活的热潮。

做好"美德应用"扩展文章，丰富乡村文明新内涵。 在结合融合上下功夫，持续扩展"美德+"应用范畴。**美德+典型选树。** 将美德健康生活方式与"最美东营人""身边好人"系列评选相结合，逐步形成"天天有好事、月月有好人、年年有模范"典型选树培育机制，2023年以来市级选树各类典型165人。**美德+文明创建。** 将美德健康

▲东营市举办"德润东营　品牌发布"暨身边好人与道德模范现场交流活动

▲ 东营市深化"美德+志愿服务"，点亮群众美好生活

生活方式融入文明创建，在全市1267个省市级文明村广泛开展"文明信用村""文明信用户"创建活动。*美德+移风易俗*。将文明婚俗、文明祭祀作为美德信用评价重要内容，将大操大办、铺张浪费、高额彩礼等列入负面清单，2023年以来共有287对新人参与集体婚礼，全市绿色生态殡葬率超过70%。*美德+志愿服务*。围绕"五为"志愿服务，发布市级志愿服务示范项目468个，引导开展志愿服务活动7.6万场次，让人人参与美德健康生活方式成为常态。

（东营市委宣传部）

"四化"工作法推动美德健康
新生活融入日常

　　烟台市将倡树新时代美德健康生活方式作为宣传思想工作的重中之重，作为推进乡村文化振兴的有力抓手，创新开展"四化"工作法，让美德健康理念融入日常、深入人心。

　　志愿队伍规范化，让美德健康新生活添朝气。壮大志愿服务队伍。进一步吸纳"五老"、身边好人、热心群众等加入"美德健康生活方式"志愿服务队伍，涵盖辖区内党员干部、教师、青年学生等多职业类型、多年龄阶段，为倡树新时代美德健康生活方式增添活力。截至目前，全市共建立倡树新时代美德健康生活方式队伍200余支，1800余人参与其中。

倡　树　新　时　代　美

开展新时代美德健康生活方式培训。建立多层次、专业化的新时代美德健康生活方式培训体系，强化引领带动。积极举办新时代美德健康生活

▲烟台市新时代文明实践志愿服务和美德健康生活方式、业务培训班

方式培训班，邀请高校专家等对全市新时代文明实践志愿服务工作从业人员和志愿者进行培训，不断提升其业务水平。各区市通过集中授课、现场宣传、文艺演出等形式，组织镇街、村庄、社区、学校和机关单位代表分批次参训。

阵地打造标准化，让美德健康新生活聚人气。 提档升级文明实践场所。为规范新时代文明实践中心（所、站）场所建设，拟出版发行《烟台市新时代文明实践中心建设操作手册》，结合实施

▼"倡树新时代美德健康生活方式"儿童足球场

方案和考核要求，按照"五有"标准进行细化。同时，委托专业机构制订《烟台市新时代文明实践中心（所、站）环境视觉系统设计方案》，设计制作各类阵地标牌、活动公开栏、主题墙、活动展示等样式90余种供区市选用。**成方连片打造美德健康生活方式示范点（带、区）**。召开烟台市新时代美德健康生活方式专题会议，指导各区市按区域特色打造美德健康生活方式示范点（带、区），截至目前已打造180余个。其中，儿童文明实践广场占地近3000平方米，设置儿童文明素养小屋、亲子书屋、儿童农场及各类游乐设施，因地制宜布设"社会主义核心价值观""讲文明树新风""关爱未成年人"等主题公益广告，既给社区群众尤其是少年儿童提供了文化休闲好去处，也增加了美德健康和文明素质教育载体。

活动开展常态化，让美德健康新生活扬正气。开展美德健康新生活系列活动。烟台市围绕新时代美德健康生活方式"五个方面""五个领域"，组织开展美德健康新生活系列活动，举办了"《如此生活》'童'享未来"美德健康新生活进校园等主题活动，现场反响热烈。开展文明实践活动。持续打造"爱在烟台"志愿服务品

▲"《如此生活》'童'享未来"美德健康新生活进校园主题活动

牌，围绕"五为"志愿服务分别打造各具特色的子品牌，依托全市新时代文明实践中心（所、站）、家庭站等，年度开展文明实践志愿服务活动10万余场次。通过宣讲美德健康生活方式、开展美德积分兑换、推选身边好人等活动，进一步弘扬社会正气。

宣传方式多样化，让美德健康新生活接地气。 编发美德健康读本。编印《儿童文明素养系列漫画》读本，围绕文明行为基本规范、我的中国梦、我们的节日等8个方面，按照"美德健康从娃娃抓起"的理念，教育引导儿童做讲文明、知礼仪、守规矩的文明新人。下步烟台市拟编辑

▲儿童文明素养系列漫画

《"漫"话美德健康新生活》，推动美德健康生活方式进家入户。设计专属LOGO。委托第三方公司设计制作烟台市倡树新时代美德健康生活方式LOGO，在各类公益广告及宣传品上展示。创新公益广告。烟台市将城市景观和文化内涵融入公益广告设计，推出"新时代美德健康生活方式"系列公益广告60幅供各区市下载使用并在烟台市文明网长期悬挂，全市倡树新时代美德健康生活方式氛围浓厚。

（烟台市委宣传部）

"潍"有新风 "德"润万家

　　潍坊市聚焦群众需求，突出效果导向，扎实打好倡树新时代美德健康生活方式的"组合拳"，让美德健康浸润民心，为全市建设实力强品质优生活美的更好潍坊注入文明活力。

　　理论立项培根固基，宣讲新风吹进千万家。社科立项，理论研究固基础。注重理论研究培根固基，通过设立"新时代美德健康生活方式建设研究专项课题"，先后立项课题43项、评选优秀课题12项，并在《潍坊日报》连续刊发多篇美德健康新生活的理论研究文章，夯实了倡树美德健康生活方式的理论基础。践行为本，宣讲讨论润民心。在市县级主要媒体开展"倡树美德健康生活方式大讨论"，提高普及效果；组织美德健康生活方式宣传活动走进凤溪地万物集夜市，为市民发放《如此生活》美德健康生活方式读本，将文明新风送到市民手中。以媒为介，美德倡树进万家。在媒体上运用新闻评述、事迹报道、公益广告等多种形式，宣传美德典型先进事迹和突出贡献。通过"短视频""小故事""微剧情"等方式，

▲潍坊市暨奎文区倡树美德健康生活方式展示宣传

创作了一批融媒体产品，在街道社区、商场超市、路边大屏滚动播放，营造崇德向善的浓厚氛围。

创新三大品牌活动，助力新生活沁入民心。创新共建方式，合力开展"爱在幸福街"美德健康系列主题活动。联合潍坊日报社、正大光明眼科集团，举办潍坊市倡树美德健康新生活——"爱在幸福街"幸福日主题活动、幸福广场揭牌仪式，以及"爱在幸福街""521我的眼里只有你"青年联谊活动，社区、医院、小区物业多家新时代文明实践站合力协作，共同打造"幸福一条街"美德健康新生活宣传服务阵地的金字招牌。创新传播方式，组织美德健康生活方式文艺作品创作活动。组织"新时代美德健康生活方式"公益广告创意设计大赛，通过创新推出系列动漫《新时代美德健康生活方式·我们的节日》，创作编排美德健康主题歌曲《你和我》、小品《就是离不开》等十余个精彩节目，创新美德大讲堂、故事分享会等传播方式，参与群众达130余万人次。创新参与方式，举办弘扬美德健康"如此生活"经典诵读大赛。通过交流读书心得、

▲举办"如此生活"潍坊市第六届经典诵读大赛

▲举办"如此生活"潍坊市第六届经典诵读大赛

创作音乐作品进行传唱、在"村村响"大喇叭播放音频等形式，将美德健康生活方式带进田间地头、融进街头巷尾。举办"如此生活"潍坊市第六届经典诵读大赛，精心组织1500名选手参与角逐，以赛代讲，让美德健康生活方式入脑入心。

强化项目引领，美德健康全面融入基层社会治理。注重挖掘培育，统筹规划建设。在全市探索打造"美德银行""巾帼志愿共享驿站"等14个美德健康示范点。奎文区更是以美德健康理念为引领，精心规划建设"文化大虞""志愿梨园""文旅城南""幸福潍州"等8条美德健康新生活展示区，将美德健康生活方式融入社区网格化管理，激发基层社会治理活力。坚持示范带动，发挥典型作用。形成高密市"孝德环保村庄"、寿光市"美德健康号"公交车和"四和四美"、诸城市"机关美德文明长廊"等一批可复制可推广的工作经验，在寿光市授牌建立100家"孔子学堂"，以实际行动推动中华优秀传统文化落地生根。打造特色品牌，创新推广形式。在青州市挖掘特色传统文化"猫文化"，以线上动漫的形式开设"猫宝宝"

防疫小课堂。在寿光市打造50余处美德健康主题游园。在昌邑市打造"邑谈即和""邑商即成""邑办即好"系列工作品牌，将美德健康生活方式融入百姓生活与各行各业。

（潍坊市委宣传部）

▲《如此生活》走进凤溪地万物集夜市

德不孤　必有邻　孔孟之乡如此生活

济宁市立足孔孟之乡实际，深耕文化资源沃土，按照试点推进、提升展示、深化总结、市域推开"四步走"的工作思路，出台了一揽子政策措施、举办了一系列特色活动、培育了一大批地域品牌，推动全域倡树新时代美德健康新生活，民风家风乡风持续改善，社会文明程度显著提升，美德健康新生活在孔孟大地蔚然成风。

▲尼山世界文明论坛深入挖掘亲邻善邻、协和万邦、和而不同等中华优秀传统文化理念

赓续中华文脉，涵育美德健康核心理念。深厚的文化底蕴是济宁倡树新时代美德健康新生活最直接、最现实的社会基础。聚焦感知认同，用"儒家传统美德"扮"靓"42条美德健康新生活展示带，提档升级美德健康新生活主题公园、广场、街巷331个，设置公益广告、景观小品1.5万余处，在润物无声中，让"学美德、传美德"的理念深入人心。聚焦内化践行，把"明大德、守公德、严私德"与社会主义核心价值观紧密结合，深化新时代新礼仪改革，成立

"红马甲""蓝马甲"文明服务队，打造"结婚礼堂""孝德礼葬""百姓儒学节"等特色品牌，让美德健康生活方式"日用而不觉"。"新中式婚礼"展演得到中央和省领导高度评价，《逝者身后事"零跑腿"服务通用要求》列入"中国标准化协会"团体标准，"春节礼仪"做法在中宣部《宣传工作》刊发推广。

躬耕五大领域，拓宽美德健康实践路径。聚焦"五大领域"，成立工作专班、出台实施方案、建立协调机制、制定指导手册，列支专项奖补资金，推动倡树美德健康新生活与文明创建、社会治理、乡村振兴共融互促，不断注入源头活水。在农村，统筹推进美德信用建设，实施"五堂模式"，搭建"美德健康工作室"，推行"美德信用积分卡"，打造"鸡黍之约""慈孝明礼""儒乡幸福超市"等地域品牌，厚植美德健康之"魂"。在社区，推行"3+5"社区联动机制，深化"和为贵"社会治理，创新"管得宽""物业金管家""老贾说事"等特色品牌，选树"运河好楼长"等身边典型，全域打造"守望相

▼青年导演创作扶持计划第二季走进济宁，现代话剧艺术与中华优秀传统文化在孔孟之乡实现了双向奔赴

助"和谐楼宇。在学校，深化"五德"教育，设立"红领巾监督岗"，编排美德健康健身操，开展传统美德"研学游"活动，举办"晒晒我的好习惯"主题活动2.4万余场次，推动立德树人根本任务融入教育教学全过程。在机关，依托济宁干部政德教育学院、微山湖铁道游击队纪念园、鲁西南战役纪念馆等现场教学点，体悟美德传承。结合模范机关建设，开展政德培训、廉洁讲堂、"美德健康新生活"摄影展等教育实践活动，评选"最美廉德家庭"，广泛倡树"为政以德"价值理念。在企业，培塑企业文化，弘扬企业家精神，做实职工美德教育，实施"一企一儒学讲师"，着力培育厚道儒商。制定《企业"通礼"规范》，实施"五心"行动，推行员工"宁心四礼"、客户"连心三礼"、节庆"暖心十礼"，引领职工崇德尚礼、敬业奉献。

践行志愿精神，夯实美德健康支撑保障。将志愿服务精神融入美德健康新生活，激发全社会崇德向善，推动"小家"串联"大家"美。注重典型培育，举办"志愿你我 美德济宁"志愿服务项目大赛，实施"微爱"系列、公益集市、"幸福洗衣房"等特色志愿服务项目。国网嘉祥县供电公司彩虹爱心妈妈服务队、曲阜市鲁城街道阙里社区入选全国学雷锋志愿服务"四个100"先进典型；"六艺太极拳"项目成为全省唯一入选国家体育总局全民健身志愿服务项目库的项目。注重载体创新，成立全省首家心理健康中心，依托市域优质医疗资源，在新时代文明实践

▲在孟庙开展"传统美德"研学游活动，通过蹴鞠游戏感受国学经典文化

▲ 在世界互联网大会数字文明尼山对话举办之际，"天涯若比邻"主题光影秀在曲阜尼山精彩上演

所（站）设立心理健康辅导站，加大"为需要心理疏导和情感慰藉人群"志愿服务供给，以美德浸润群众心灵。培育"写好中国字，做好中国人"志愿服务项目，受益儿童青少年1.1万人次。注重礼节礼仪，把"仁义礼智信""温良恭俭让"融入赛会志愿服务保障工作，在尼山世界文明论坛、"中国好人榜"发布仪式、首届中华印信文化精品展、世界互联网大会数字文明尼山对话、青年导演创作扶持计划第二季等重大活动中，开展志愿者礼仪规范培训，用一言一行传递中华优秀传统美德，让中外嘉宾深刻感受"美美与共，天下大同"的大美情怀。

（济宁市委宣传部）

弘扬中华美德　引领文明风尚
美德健康新生活"如此精彩"

　　泰安市以"美德"为引领，突出"五个方面"、聚焦"五个领域"，发挥宣讲团作用，通过"线下+线上"相结合的方式，从小处着眼、细处着手，持续深化宣传引导、实践养成、示范带动，推动新时代美德健康生活方式在各个领域落地落实。

　　抓谋划，结合实际谋篇布局。抓好"顶层设计"。出台《倡树新时代美德健康生活方式的实施方案》，编发《倡树美德健康生活方式手册》，先后召开全市倡树新时代美德健康生活方式工作推进会、美德泰安和信用泰安暨全环境立德树人工作推进会，举办业务培训班。充分发挥泰山区省级试点的示范带动作用，打造泰山区

▲泰安市召开美德健康新生活宣讲团业务培训会暨《如此生活》读书会

在这里要提醒大家注意健康饮食

泰安市美德健康新生活宣讲团成员 孟凡亮

▲ 泰安市在传统节日期间开展美德健康线上系列宣讲活动

"和美家"美德健康工作品牌。广泛推广宣传《如此生活》读本。召开市级媒体座谈会，围绕《如此生活》读本制作"如此生活·泰安"系列融媒体产品，通过多种渠道在全市进行广泛传播。不断拓宽阅读载体、创新阅读形式、优化阅读服务，在"五大领域"分别组织阅读分享会、亲子读书会、阅读讲座等丰富多彩的阅读活动，通过志愿帮读、经典诵读、轮流领读领学等方式，提高群众的阅读兴趣，营造浓厚社会氛围。深入推进"身边好人""道德模范"等典型选树宣传活动。截至2023年7月，全市共评选出"泰安好人"781人，其中487人入选"山东好人"、74人入选"中国好人榜"；评选出全市道德模范97人、道德模范提名奖84人，其中30人被评为全省道德模范，45人荣获全省道德模范提名奖，1人荣获全国道德模范称号，5人荣获全国道德模范提名奖。

促创新，引领美德融入日常。组织微视频大赛。连续两年组织开展"美德泰安 健康生活"倡树新时代美德健康生活方式微视频大赛，收到作品200余部，点击量超100万次。录制线上宣讲视频。

▲"美德泰安 健康生活"倡树新时代美德健康生活方式微视频大赛颁奖仪式

由宣讲团成员录制的"开讲啦"系列宣讲微视频在泰安文明网、"文明泰安"微信公众号的"美德健康新生活"专栏进行展播。各县市区也都围绕传统文化、心理辅导、家风家教、医疗健康等推出"美德健康生活云课堂";相继开办"文明创建微讲堂""文明礼仪微讲堂""文明新风微讲堂"等200余期，常态化宣传宣讲健康文明生活理念。推出系列公益广告。围绕"五个方面""五个领域"广泛征集展示主题公益广告、微视频，加频加密美德健康生活方式宣传，制作新时代美德健康生活方式公益广告系列套图100余幅（套），其中有14幅（套）入选省公益广告库。

重实效，分众定制专属服务。推出"轻课套餐"。面向宣讲员征集"轻课"20多个，宣讲活动由2—3位专家共同进行，以"套餐"的形式，现场示范互动、现场学习领会。目前，已相继开展"'传优良家风 育时代新人'文明家庭事迹巡回宣讲""厉行勤俭节约 绿色低碳生活"主题宣讲等活动2000余场次。编印系列教材。编印50.9万字系列教材，分为思想道德、文明礼仪、健康养生、身边榜样等10本分册，发至全市3700余个新时代文明实践中心（所、站），推动美德健康新思想、新理念浸润人心。组织开展专项行动。聚焦"五个领域"开展专项行动。在农村开展"反对浪费、文明办事"移风易俗行动，推广"新时代文明实践结婚礼堂""德孝堂"等经验做法。在社区推广"美德+诚信"积分兑换，涌现出"'岩'而有信"的岩庄社区模式。在学校打造"泰山少年说"全环境立德树人好少年宣讲活动品牌，累计开展宣讲活动200余场。在企业实施"信用+"工程，2022年城市信用综合指数位居全国第十，创历史最好水平。在机关组织"清风常伴　廉洁齐家"家庭助廉寄语活动，形成机关党员干部人人参与、自觉践行、当好示范的良好氛围。

（泰安市委宣传部）

▲泰安市自创倡树新时代美德健康生活方式公益广告

实施"12345"行动
倡树美德健康新生活

　　威海市大力实施"12345"行动，将"自律助人、孝老爱亲、诚信利他、节俭绿色、共建共享"理念融入文明创建各领域、贯穿文明实践全过程，积极推动形成适应新时代要求的思想观念、精神面貌、文明风尚、行为规范。

　　打造一条千里山海美德健康展示带。 联动全市文化旅游资源，融入美德健康理念元素，以"传播新思想，倡树新生活"为主题，通过千里山海自驾旅游公路，串起4个新时代文明实践中心、46个新时代文明实践所、400个新时代文明实践站、49家A级旅游

▲威海市暨环翠区倡树新时代美德健康生活方式启动仪式

景区、66处公共文化服务设施、8个非遗旅游体验基地、22处文化主题驿站和200处新时代文明实践基地，形成一条培育文化、展示体验、倡树"自律助人、孝老爱亲、诚信利他、节俭绿色、共建共享"理念的"文明实践·美德健康新生活"体验廊道，有力促进文明、文旅协调高质量发展。

实施"双减双升"文明餐饮行动。针对餐饮浪费问题，结合"反对浪费、文明办事"移风易俗行动，制定实施《"双减双升"行动指南20条》，以60余家旅游饭店为引领，开展以"减少宴会菜品数量、减少菜品分量，提升菜品质量、提升餐饮服务质量"为内容的"双减双升"行动，并通过"杜绝餐饮浪费——随手拍""餐饮节约大家谈""光盘有礼"等系列活动，引导消费者完成从"要我节约"到"我要节约"的思维转变，树立健康节俭的餐饮消费习惯，让节俭绿色观念深入人心，进一步推动公民道德素质和文明素质的提升，形成"文明消费　餐饮节约"新风尚。该经验做法被《中国旅游报》专题报道。

▲ 威海市开展"双减双升"活动，推动形成"文明消费、餐饮节约"新风尚，让节俭绿色观念深入人心

深化"三不一礼让"文明交通行动。聚焦交通秩序问题，在全市广泛开展"爱文明家园　做文明市民""三不一礼让"文明交通行动（不向车窗外抛撒杂物、不随意鸣笛、不乱停乱放车辆，自觉礼让斑马线），在城区118个路口设置303名公共文明引导员，常态化

开展文明引导活动；连续举办"文明威海人·加油好司机"活动和"百日行车无违法"挑战赛。通过行动实施，让自律助人、文明行车成为广大驾驶员的自觉行动，构建起"文明、和谐、礼让"的公共交通环境，推动城市公共秩序不断优化、公共环境持续改善，城市美誉度得到进一步提升。

▲威海市不断深化"三不一礼让"文明交通行动

用好四大宣传宣讲载体。充分运用"宣传栏""宣讲队""广播站""云课堂"四大宣传宣讲载体，不断加强美德健康新生活宣传普及。各级各类媒体高频次刊播公益广告，实现公共场所、街巷楼宇、建筑围挡等美德健康公益广告全覆盖；组建"市—县—镇—村"四级新时代美德健康生活方式宣讲队，组织订购《如此生活》6000册，并专门制作了《如此生活》讲解视频、广播音频，通过融媒体、村广播等广泛宣讲宣传；推出"倡树新时代美德健康生活方式云课堂"、原创歌曲《君子之风》，定期组织开展"百姓故事会"，通过群众喜闻乐见、便于参与的方式方法，让美德健康新生活走进群众日常生产生活，实现潜移默化的提升、一念之间的提醒。

▲ 威海市高新区机关开展《如此生活》分享会

融合"五为五进"实践行动。以全域统筹推进美德山东和信用山东建设试点为抓手，将"五为"志愿服务和"美德信用五进"工程充分融合，先后举办"讲诚信、做志愿，我与城市共提升"学雷锋志愿服务年活动、"文明实践·美德健康新生活"项目路演、"2023中国（威海）合唱节暨环翠区第50届5·23歌咏会""威海红帆"社会组织公益创投、青年志愿服务项目大赛、"网络同心　文明同行"等系列活动，征集发布文明实践项目1200余个，扶持重点项目350个，累计开展实践活动38.3万余场，为美德健康新生活在威海落细落小落实提供了实践支撑。

（威海市委宣传部）

美德新风拂面来　文明馨香润港城

日照市把倡树新时代美德健康新生活作为"聚民心"的战略工程，高点谋划、高位推进、高效保障，实行"四级书记"带头抓、各级各领域重点抓，打造了一批在省内具有影响力的新时代美德健康新生活品牌，为推动现代化海滨城市精彩蝶变提供强大精神力量和道德支撑。

持续擦亮"实诚日照人"道德品牌。在全市各行各业深入开展争做"实诚日照人"主题实践活动，全面展示和提升"务实有为、朴实有礼、厚实有道、忠诚可靠、真诚可信、坦诚可交"的"实诚日照人"形象，打造有利于现代化海滨城市精彩蝶变的人文环境、营商环境、发展环境。创新"美德信用+典型选树"模式，每月常态化评选宣传"实诚日照人"并举办发布仪式及见面会，2022年以来2人入选

▲ 日照市上线"碳惠日照"平台，倡树美德健康生活方式，推动绿色低碳生活

▲ 日照市牵手志愿者协会开展"牵手斑马线"爱心护学志愿服务活动

"中国好人"，62 人入选"山东好人"，77 人被评为"实诚日照人"，大力营造崇德向善、见贤思齐的社会氛围。

大力实施文明好习惯养成行动。开展"走千家入万户，垃圾分类齐行动""绿色低碳　机关先行""礼让斑马线""美德健康进机关"等主题活动，推动社会各界积极响应"光盘行动""拒绝舌尖上的浪费""争做'实诚日照人'　营造文明旅游环境""让文明之花铺满在港城大地"等倡议，倡导文明健康、绿色环保的生活方式。聚焦群众关注的"关键小节"，重点推进"礼让斑马线、聚餐用公筷、排队守秩序、垃圾要分类、餐饮不浪费"等文明好习惯行动，着力打造具有日照辨识度的品牌活动，让文明出行、文明交通、文明旅游、文明就餐、文明上网、文明观赛成为日照靓丽的风景线。

积极融入高质量发展首要任务。将倡树新时代美德健康新生活贯穿到经济社会发展全过程，围绕绿色低碳高质量发展、乡村全面

▲"碳惠日照"小程序

振兴、人民城市建设等党委政府重点工作任务，探索具有日照特色的美德健康生活方式实现路径和方法。创新打造山东省首个碳普惠平台——"碳惠日照"，推动形成绿色低碳的生产方式和生活方式；创新探索"幸福积分"制，将村规民约作为积分的依据逐一细化、量化，以信用评价形式激活乡村治理大效能；创新"五为"志愿服务形式，推出智慧志愿服务品牌，打造"助老帮办 无忧认证""'九小'便民服务""阳光智享·为老"等一批品牌项目，突出邻里互助，培育社区新时代美德健康新风。

创新搭建"美德信用+"应用场景。 统筹推进美德信用体系建设，围绕"进机关单位、村庄社区、学校家庭、企业行业、网络空间"等五个层面，广泛开展美德信用建设宣传活动，提升社会诚信水平。举办2023年全国贸促系统信用品牌工作会议，开展日照市信用应用创新"揭榜挂帅"行动计划，孵化"美德信用"变"真金白银"等77个项目，升级"乡村书屋"打造"诚信书屋"，以基层"小积分、小超市"实践新路径推动美德与信用融入日常。坚持德法并举，加强企业、行业诚信等美德文化建设，组织开展"实诚日照人"诚信行业等选树活动，分级分批打造美德健康生活方式示范点，其中岚山区、五莲县入选美德山东和信用山东建设试点，打造信用日照诚信高地。

▲ 开展美德健康生活方式《如此生活》读书分享会，让美德健康生活方式深入人心

　　"如此"倡树缔造新时代美德"生活"。多渠道倡树美德健康新生活，坚持传统文化与新时代育人实践相结合，深入打造传统文化浸润下的美德健康品牌。开展《如此生活》读本"学、思、用"行动，依托新时代文明实践中心（所、站、家庭站）、利用"世界读书日"等节点，广泛开展《如此生活》读书分享会、诗歌会等活动，创新开设倡树新时代美德健康生活方式《如此生活》有声书在线收听学习专栏；把倡树美德健康生活方式与立德树人紧密结合，组织开展经典诵读、国学小名士评选、非遗文化进校园、传统体育进校园、传统戏曲进校园等活动，不断挖掘传统文化中的优质美德教育资源。

（日照市委宣传部）

三项工作"+"打造美德健康"临沂引擎"

  临沂市立足本土优势，坚持创新驱动发展，在三项工作融合上发力，走出了一条具有本地特色的倡树新时代美德健康生活方式工作推动模式。

▲沂水县院东头镇四门洞村美德信用榜

  "文明＋美德"联动，活动措施更有效。推动文明实践、移风易俗、传统文化与美德健康生活方式深度融合，构建"文明＋美德"融合推进机制。同文明实践融合推进。落实"五有"建设标准，大力实施文明实践"薄弱所站提升工程"，对4233个文明实践所、站进行提升，按照"一县区一特色"的原则，打造示范点和示范带，引导和发动群众加强文化建设，共享美德健康新生活成果。截至目前全市共打造市级试点125个和县级试点378个。同"移风易俗"融合推进。发挥红白理事会的效用，深化移风易俗，从婚丧事抓起倡婚、

▲新时代文明实践中心举办倡树美德健康新生活《如此生活》读书分享会

丧、寿、节等新礼仪，"整治+示范"结合推动美德善行建设，开展"最美家庭"评选，举办"晒家风家训"活动等，把倡树美德健康新生活纳入村规民约，树立"反对浪费、文明办事"鲜明导向。同文化传承融合推进。把中华优秀传统文化同本土历史文化、红色资源等结合起来，实现创新性的转化，培育厚植美德健康生活方式的丰沃土壤，实现"1+1＞2"的融合效果。例如，平邑县发挥宗圣曾子故里优势，打造"孝善小区""福宽书苑"等，美德健康生活方式的传播力和影响力不断提升。

"服务+宣讲"协同，活动载体更丰富。以志愿服务和宣传宣讲为抓手，全面提升倡树美德健康生活方式的活动载体。发挥典型"关键少数"作用，通过基层宣传宣讲，带动美德健康新生活深入推进。持续开展"文明家庭""美在农家""好人选树"等典型选树活动，遴选成立"美德健康生活骨干宣讲团"，发挥"少数关键"示范作用，让身边人说身边事，身边事感召身边人，激发群众崇德向善的热情。共建立美德健康生活方式宣讲队伍2700支，广泛传播美德

▲"为老"志愿服务活动

健康生活方式，共开展各类主题宣讲1.32万余场，受益群众72万余人。**突出品牌"示范引领"作用，通过志愿服务，推动美德健康新生活纵深发展。**围绕"五为"志愿服务，做大美德健康生活帮扶面。引导各县区围绕美德健康生活打造志愿服务新品牌，让美德健康志愿服务在全社会蔚然成风，用品牌影响力示范引领全域美德健康新生活形成氛围，让美德新风利民惠民。例如，兰山区创新打造"美德兰山·健康生活"品牌，开展各类新农村新生活培训72场次，引导群众积极参与到美德健康新生活中。**深入推进"激励嘉许"机制，通过美德信用，激活美德健康新生活内生动力。**探索建立信用信息平台，将服务时长作为信用评价的重要指标，进行积分量化和等级划分，作为兑换嘉许激励以及新时代文明实践中心（所、站）、志愿服务组织、社区、志愿者参与评先树优的重要依据，激活群众内生动力，提升群众参与践行美德健康新生活的积极性、主动性。例如，蒙阴县在3家金融机构、4个乡镇试点，推行美德积分贷，将美德评议量化赋值与授信额度挂钩，目前累计发放贷款368笔4352万元。

"线上+线下"组合，活动氛围更浓厚。坚持宣传引导，充分利用新时代文明实践中心（所、站）、公交车站、大型商超、建筑工地围挡、政企机关办公场所等线下宣传阵地，通过墙体广告、电子屏、雕塑小品、生活用品等形式，对美德健康新生活进行宣传。线上，充分利用"两微一端"、报纸、电台等媒体手段开展宣传。在报纸、公众号等开设专栏，刊播美德健康新生活相关活动、典型经验、美德故事等。开展"倡树新时代美德健康生活方式"网络文明传播活动，深入探讨美德健康生活方式的具体标准、实现路径和方式方法。推动美德健康生活知识大普及、全社会文明程度大提升。

（临沂市委宣传部）

▲社区文化节主题活动增进邻里和睦

"三个聚焦"深化倡树美德健康新生活

▲ 志愿服务展示交流活动

德州市以建设新时代美德山东为目标，进一步深入推进中华优秀传统文化创造性转化、创新性发展，聚焦工作实效、文明实践、美德信用三项重点内容，推动全市倡树美德健康新生活各项工作走深走实。

聚焦工作实效，践行美德健康新生活。夯实阵地建设。突出资源整合，打造新时代美德德州核心示范区，统筹推进文明实践、文明培育、文明创建，建设390个美德健康展示点（带、区），80处和乐小亭、636处"美德小板凳"等1348个美德健康生活示范点，培植孝老爱亲、诚实守信家风小街20余条，构建"15分钟美德健康实践圈"。丰富活动载体。成立5088支美德健康志愿队伍，创新实施美德健康新生活"六个一"行动，深入开展美德健康"六进"主题活动、"五进"工程等各类活动7158场次。举办"美德健康生活方式讲堂""德润万家""主播说新风"系列公益直播活动798次。举办"新时代美德德州"公益广告作品大赛，10幅作品入选全省"新时代美德山东"公益广告作品库，德州市文明办获全省优秀组织奖。打造特色亮点。开展美德健康《如此生活》大宣传、大宣讲、大培训活动1213场次，开展德州市"新时代美德健康新生活"文创作品设计大赛暨"大德之州·大爱之城"专属LOGO设计大赛,推出"节俭绿色""孝老爱亲"系列美德健康文创产品49件。拍摄视频《"95后"小姐姐:结婚没必要掏空对方家底,只要双方开心满意就好》被50余家中央、省、市级媒体转发,48小时内视频全网播放量超1.2亿,点赞量超260万。

▲ 德州市新时代文明实践云平台

聚焦文明实践,探索美德健康新路径。精准发力,压茬推进。召开德州市新时代文明实践中心建设现场推进会暨文明实践云平台使用培训班,制发《德州市2023年重点工作安排》《德州市文明实践中心、所、站测评体系操作手册》,推动各项工作落地落细。*推动文明实践向"质效覆盖"转变*。推进"中心+所+站"三级文明实践阵地"五有"标准建设,建成文明实践公园3013个、文明实践基地454个、文明实践家庭站13237个,打造省级文明实践"十百千"典型中心2个、所11个、站110个,打造市级"一核两带三翼"文明实践展示带,"大德之州·好运之河"大运河、黄河文明实践展示带入选全省文化体验廊道文明实践展示带(区)名单。强化数字赋能。深入

▲ 德州市和乐小亭开展美德健康主题活动

实施文明实践"两心"融合、双向赋能集成创新工程，优化志愿服务供需对接机制，实现90余家市直部门单位、社会组织入驻云平台，常态化发布"文明实践指数"，实现科学化管理、精准化服务，"两心"融合做法被《山东改革专报》刊发。开设"文明实践 德润州城"专题新闻栏目，该栏目既是"两心"深度融合、双向赋能的合作结晶，也是全市新时代文明实践中心建设的又一创新之举。

聚焦美德信用，打造美德健康新格局。推进制度建设。召开德州市统筹推进美德建设和信用建设工作专题会议，成立美德信用工作专班，出台《德州市统筹推进美德建设和信用建设工作方案》《德州市统筹推进美德和信用建设工作协调机制》，实现了部门单位业务特色与美德信用建设有机结合。强化宣传引领。举办第三届美德德州信用德州微视频大赛作品征集活动，征集各类作品189件，组织开展德州市"诚信之星""美德信用家庭""美德信用示范户"系列典型评选活动30余场，德州市委党校将政德教育、诚信建设纳入主体班次培训重要内容，并将美德和信用建设的研究纳入党校年度科研工作重点。加强支持保障。加强制度体系建设，对美德建设、信用建设成效显著的进行表彰奖励，建立"美德+信用"积分超市73处，有效激励群众参与美德健康生活。创新推出美德信用贷、身边好人贷、文明家庭贷等金融产品，努力将百姓和企业的文明友善、诚实守信等"无形"资产转化为"有形"的信贷资金。

（德州市委宣传部）

▲ 德州市和乐小亭开展美德健康主题活动

深化文明培育　绘就美德健康新画卷

　　聊城市通过创新体制机制、整合阵地资源、强化平台载体、丰富活动项目，深入实施美德健康生活方式"五进工程"，推动美德健康新生活走深走实、见行见效、入脑入心。

▲"浓情端午家国情　坚定信念跟党走"主题活动

　　高点谋划，擦亮"美在聊城　德润水城"工作品牌。强化顶层设计，画好"施工图"。印发《关于倡树新时代美德健康生活方式的实施方案》《聊城市新时代美德健康生活方式宣传月活动方案》，构建起"一园、一街、五十试点、千场宣讲"的工作布局，大力倡导自律助人、孝老爱亲、诚信利他、节俭绿色、共建共享的"心灵美""家风美""水城美"。整合资源场所，建强"主阵地"。建

▲"触摸传统运河文化　倡树美德健康生活"主题活动

设"美在聊城——最美凤凰苑"美德健康生活方式主题公园，创新"美德号公益列车""美德会客厅""美德健康家庭站"等阵地载体，依托文化长廊、健康步道、休闲书吧等场所，打造276个示范点和16处美德健康新生活展示区（带），市县两级常委部长带头确定美德健康新生活联系点，促进美德健康生活方式阵地建设提质增效。**实施专项行动，打好"组合拳"**。围绕"五进"工程重点领域，深入实施五大专项行动。在乡村，实施"反对浪费、文明办事"专项行动，推动倡树美德健康生活方式融入乡村振兴建设；在社区，实施"和谐家园、你我共建"专项行动，推动邻里互助友爱，打造社区文化品牌；在学校，实施"行为养成、文明礼貌"专项行动，助推全环境立德树人；在机关，实施"敬事尽责、文明规范"专项行动，深化"美德健康齐参与"教育实践；在企业，实施"诚信经营、服务社会"专项行动，推动"美德信用"体系建设互促共融。

高标部署，探索"美德健康+"新模式。广泛宣传宣讲，推动"全覆盖"。成立848支美德健康生活宣讲队伍，采取"美德宣讲赶大集""庭院宣讲""小板凳宣讲"等全方位、多层次、分众化的形式开展宣讲2.5万余场次，让美德故事深入人心。深化《如此生活》大众读本宣传阐释，推动读书分享会在全市2544个新时代文明实践中心（站、所）全覆盖，制作推出融媒体视频14期。丰富活动载体，提升"影响力"。举办"东昌湖畔话美德 美美与共筑文明"主题文艺演出，开展"美德健康艺起来"文艺沙龙公益讲座、"家在聊城 文明有我"全民健步走、"晒晒我的好习惯"主题分享会、"美墙美绘""健康我定义"等丰富多彩的活动，构建美德健康"读"出来、美德健康"晒"出来、美德健康"艺"起来、美德健康"动"起来的全方位实践养成模式。创新服务形式，延伸"服务圈"。加强美德健康生活方式志愿服务队伍建设，精心打造"两河喜鹊"文明实践志愿服务工作品牌，依托"雷锋超市""公益大集""橙新驿站""红色议事厅"等服务品牌，构建起点多面广、供需对接的"15分钟志愿服务圈"，精准对接群众需求。

▲"东昌湖畔话美德 美美与共筑文明"倡树新时代美德健康生活方式主题活动

高效推动，多措并举传播文明新风。统筹线上线下，开设"云课堂"。开展"百人百场讲美德""美德健康大讲堂"等线上宣讲活动9580余场，发布"美德健康生活方式21天打卡""传承红色基因、争

▲ 新时代文明实践志愿者陪老人过节

做时代新人""美德健康我来聊"等主题线上活动，吸引80万余人参与。培育重点项目，夯实"硬基础"。聚焦群众精神文化生活需求，构建"书法有礼""板桥新风""向阳蔷薇"等项目矩阵，创新打造"和美邻里"融合社区综合体，以美德健康助力社区治理。营造浓厚氛围，凝聚"正能量"。策划开展美德健康生活方式系列主题宣传，开设网上发布厅，集中展示美德健康示范点创建成效，展播公益广告作品1500余件，放大示范引领效应，营造出浓厚的舆论氛围。

（聊城市委宣传部）

倡树新时代美德健康生活
让"美德新风"吹入寻常百姓家

为推动新时代美德健康生活方式"飞入"寻常百姓家，滨州市将倡树新时代美德健康新生活与深化拓展新时代文明实践有机融合、一体推进，通过开展形式多样的主题活动，让美德健康生活方式深入人心、落地生根。

▲滨州市暨滨城区深化"五为"文明实践志愿服务活动启动仪式

选树培育典型，加强美德建设。发挥身边好人引领作用。通过自主报名、他人推荐等方式参与评选，围绕孝老爱亲、助人为乐、见义勇为等要素进行量化打分，每月定期评选身边好人，引领激励村民互帮互助，形成浓郁的和谐氛围。发挥道德模范榜样作用。广泛宣传道德模范的事迹，激励引导广大群众争做崇高道德的践行者、文明风尚的维护者，形成良好文明的社会风尚。**发挥文明家庭户示范作用**。以家庭户为单位，围绕勤俭持家、家庭和睦等评选出文明家庭户，引领居民、村民在移风易俗，自觉抵制高价彩礼、反对陈规陋习。

活跃文化氛围，丰富文化生活。**丰富活动形式**。聚焦群众对美好文化生活的精神需求，不断丰富活动形式，通过举办读书会、分享会等形式多样、内容丰富的文化文艺活动，全方位倡树美德健康新生活。**推动文化下乡**。通过开展送戏下乡、送电影下乡等，将优秀文化送到群众家门口，丰富群众的精神文化生活。**强化志愿服务**。依托新时代文明实践中心（所、站），成立四级美德健康生活方式志愿服务队，与"五为""十送"志愿服务有机结合，定期组织开展孝老爱亲、环境整治、移风易俗等志愿服务活动，推进美德健康生活方式全面融入群众生活中。

▼博兴县举办"湖畔情 缘定锦秋"移风易俗集体婚礼

▲无棣县开展"与德相伴 幸福生活"倡树美德健康生活方式主题活动

创新积分管理，探索德治模式。实施"积分"管理。把美德信用、良好家风、美丽乡村建设等内容纳入积分管理内容，系统归纳移风易俗、环境整治、家庭文明、邻里互助等具体事项，村民们根据参与情况获取一定"积分"，凭"积分"可兑换生活物品。"减分"约束言行。为规范村民们的言行，在设置加分项的同时，也设定减分项，对随地乱扔垃圾、不睦邻里、发生家庭纠纷、红白事大操大办等不文明现象进行减分"警告"。强化移风易俗。把移风易俗作为倡树美德健康生活方式的重要内容，定期对红白理事会建设和发挥作用情况进行监督检查，同时组织志愿者扎实开展移风易俗宣讲等志愿服务活动，形成了婚事新办、

▲邹平市好生街道贾庄村村民用文明积分换到奖品后喜笑颜开

丧事简办的良好社会氛围。

深化文明实践，做好统筹规划。突出亮点打造。聚焦乡村、社区、学校、机关、企业五大领域，抓好示范引领，打造新时代美德健康生活方式体验馆2处、示范点216处，编制滨州市新时代美德健康生活方式通俗普及读物，打造各类美德健康生活方式亮点品牌195个。加强公益宣传。组织各县市区和各级文明单位、文明校园积极参与"新时代美德山东"公益宣传征集展示活动和"新时代美德健康新生活"文创作品设计大赛。全市范围内广泛展示展播美德健康生活方式公益广告，在"五进"活动中通过发放海报等形式引导倡树美德健康生活方式。与新时代文明实践中心建设相结合。将美德健康生活方式工作情况纳入全年两次的新时代文明实践实地测评，在市级主要媒体开设美德健康生活方式专栏。在新时代文明实践场所设置积分超市，鼓励群众以"德"换"得"。

融合美德信用，推动共同发展。强化组织保障。制定印发《关于统筹推进美德滨州和信用滨州建设的实施方案》，配发《统筹推进美德滨州和信用滨州建设配档表》，成立了统筹推进美德滨州和信用滨州协调机制。强化宣传引导。印发《滨州市2023年社会美德和信用体系建设宣传活动方案》，设立美德和信用专题专栏，全年开展美德和信用宣传"五进"活动，将中华美德和诚信文化纳入全市党校（行政学院）系统课题。强化指导督导。成立统筹推进美德滨州和信用滨州工作专班，召开推进会议，制定工作台账，通过查阅档案、实地调研的方式督导调研。

（滨州市委宣传部）

构建"1234"模式
奏响美德健康新生活乐章

　　菏泽市坚持问题导向、需求导向、效果导向，打牢基础，拓宽思路，抓住重点，探索构建"1234"工作模式，推动美德健康新生活走深走实，融入群众日常生活。

　　夯实工作基础，合理布局"一盘棋"。不断优化制度建设。在全省率先印发工作方案，召开推进会、现场会，制定积分管理等制度办法，将倡树工作纳入意识形态工作责任制监督检查和专项巡察、纳入市直单位绩效考核。**不断深化阵地建设。**推广建设美德健康生活方式展示点、展示带（区）227处，打造美德公园、美德长廊等1500

▲菏泽市举办"菏相悦·花田话美德"美德健康新生活圆桌分享会

余处，探索建设百姓茶社、美德会客厅等美德阵地750余处。**不断强化队伍建设**。建立市县镇村四级美德健康生活方式志愿服务队，遴选100名美德健康生活方式辅导员，为倡树工作储备专业力量。

用"两个渠道"，明确倡树"主旋律"。线上，组织开展"我心中的美德健康生活方式"全民大讨论，16万余人参与，征集建议超6万条，近7万人进行网络投票，共同研究制定首批美德健康生活方式30条。线下，在美德讲堂开办美德健康生活方式培训班，累计举办培训900余场次；积极订阅发放《如此生活》通俗读本3000余册，市县镇村四级在农村、社区、学校、机关、企业等重点领域，广泛开展《如此生活》读书分享会、心得交流会等5200余场次。市级层面先后5次召开美德座谈会，镇村层面依托"村事民当家""社区就是咱的家""乡村夜话"等活动，确定"开门纳谏、广听需求、精准倡树、抓长抓常"的倡树主旋律。

▲"声动巨野"宣讲员以《菏泽市新时代美德健康生活方式30条》为抓手，为研学的孩子们讲述美德故事，传播文明理念

坚持"三项原则"，奏出共建共享"交响乐"。坚持多元宣传。创新构建"六个一"宣传体系，即开展一次全民大讨论活动、召开一系列座谈研讨会、开设一处"云上课堂"、征集一批公益宣传作品、录制一批电视访谈节目、推出一场展示交流活动。在全省率先创作新时代美德健康生活方式漫画绘本、宣传短片，在学习强国、山东宣传、文明山东等媒体平台刊播。坚持品牌引领。建立"五为"项目库，"少儿微心愿"文明实践项目、为老设置"1号键"做法在全市推广，被中央主流媒体广泛报道；"菏心抗疫"志愿服务品牌得到社会广泛认可；"牡丹花开"志愿服务项目入选2022年全国学雷锋志愿服务"四个100"先进典型推荐名单。坚持典型带动。出台《菏泽市先进典型选树宣传工作实施办法》，多形式、多维度展现先进典型的崇高品德和感人事迹。截至目前，177人入选全国、全省学雷锋志愿服务"四个100"先进典型，33人入选"中国好人"，425人入选"山东好人"，247人入选市级以上道德模范，评选四德模范人物5.7万余名，开展"四德人物送锦旗、谈心得、谈体会"活动6800余次，在全市形成了知模范、敬模范、学模范、当模范的良性循环。

▲《菏泽市新时代美德健康生活方式30条》原创漫画绘本

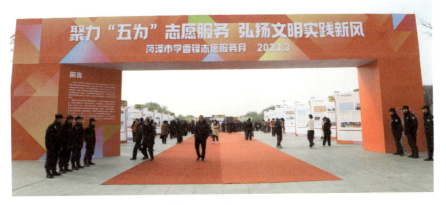

▲ 菏泽市学雷锋志愿服务月启动仪式在单县举行

　　紧抓"四个关键"，谱好一体推进"主题曲"。抓住关键群体。聚焦党员干部、青年学生等重点人群，根据需求精准开展活动，变大水漫灌为滴灌，实现倡树工作精准化。抓好关键节点。聚焦重要节日、特色节会等，有计划地举办宣传宣讲、文艺展演、新婚礼等活动。截至目前，全市共开展文明实践活动13.84万场次，累积服务时长6295万小时，惠及群众650万人次。抓准关键问题。将移风易俗、美德信用建设作为重要倡树内容，在全社会倡导开展"反对浪费、文明办事"移风易俗行动、"树新风、兴万家"移风易俗专项行动，着力打造"菏润新风"移风易俗品牌，印发《〈关于统筹推进美德山东和信用山东建设的意见〉责任分解》，确保各项任务全面落实。抓实关键领域。聚焦农村、社区、学校、机关、企业五大关键领域，将倡树新时代美德健康生活方式融入文明实践、文明创建、文明培育的全领域各环节。

（菏泽市委宣传部）

志愿服务新风尚　美德健康新生活

　　济南市历下区以倡树美德健康新生活为重点，立足实际，盘活资源、创新方式，努力推动形成适应新时代要求的思想观念、精神面貌、文明风尚、行为规范。

　　聚焦资源整合，绘就美德健康"新蓝图"。历下区成立区—街道—社区三级美德健康生活方式宣讲队，围绕个人生活、家庭生活、社交生活等5个方面常态化开展美德健康新生活宣讲。深化拓展大明湖街道美德健康生活示范点建设经验，搭建"一所六站多点"传播主阵地，在人流量密集的世茂商场、宽厚里街区、曲水亭旅游区建设文明实践点位，在公益广告、景观小品设置中加入美德健康生活方式元素。开展"歌声里的历下"主题文明实践活动。组建"历下鸣蛙"文艺志愿服务联盟，让文艺融入历下区居民的日常生活，成为历下区倡树美德健康新生活最生动的表达。相关做法被人民网、新华

▲ 德润历下　美好生活"美德历下"志愿服务项目启动暨"历下鸣蛙"文艺志愿服务联盟首场演出

网、央广网等媒体宣传报道。

　　聚焦项目引领，构建美德健康"新格局"。启动"美德历下"志愿服务项目，以温暖历下、听见历下、看见历下、讲述历下、行走历下为主要形式，设置关爱日、书香周、宣讲月、手造季和文明年5个子项目。在"志愿服务"平台项目超市板块，上线"仁德智护"爱心助浴关爱特殊群体、"头等大事"公益理发关爱老年人等20个志愿服务项目，供群众免费点单。制作历下美德地图，地图分为以史明德、以景润德、以文育德、以学促德、以善养德5个类别，包含全区76个美德点位。结合区"红领巾寻访"品牌，在全区中小学校开展"美德少年游历下"社会实践活动，鼓励少先队员与父母一起利用暑假时间进行美德寻访体验，不断增强崇德向善的思想自觉。

▲历下区开展"美德少年游历下"文明实践活动，制作发布历下美德地图

▲举办历下区见义勇为先进分子表彰活动

　　聚焦典型选树，打造美德健康"新高地"。让好人都有好报，是历下区一直推崇的理念。除了给予精神激励、送上物质奖励、组织健康体检、开展走访慰问等方式，2023年，历下区还将建立"历下最美人物"发布机制，开展"树典型、学先进、促发展"活动，完善道德模范、身边好人关爱礼遇帮扶长效机制，营造崇尚英雄、关爱英雄、学习英雄、争当英雄的浓厚氛围，让"平凡好人"成为新时代美德历下最靓丽的"风景"。对在孟家水库勇救落水者的热心市民等先进典型加大宣传力度，组织开展事迹专题展览，运用多种新媒体平台广泛宣传榜样事迹，在全区营造崇德向善、见贤思齐的浓厚社会氛围。

（济南市历下区委宣传部）

"文明有章"全域实践
倡树美德健康生活

　　济南市章丘区以美德健康"文明有章"建设为主要内容，以文明校园、文明单位、文明村镇（社区）为主要阵地，以践行《文明有"章"新十条》为基本路径，掀起了倡树美德健康生活方式热潮，让每一位市民都成为新风尚的代言人和受益者。

　　坚持高点定位，擦亮"文明有章"品牌。区委常委会研究确定建立"1+3+5"体系："1"即文明委牵头成立工作专班；"3"即融入文明城市创建、文明村镇创建、文明实践三项重点工作；"5"即相关部门制定农村、社区、学校、机关、企业五个专项工作方案，建立挂点联系制

▲章丘区双山街道开展倡树美德健康生活方式"文明有章　礼悦双山"创建活动

度；制定《关于推进"文明有章"全域实践十大行动的实施意见》，确定2023—2025年度工作目标，培育"文明地标""文明窗口""为民项目"，有序推动试点示范，逐步实现全域推开，进一步彰显章丘人的精神面貌和文明风尚。

线上线下结合，形成"文明有章"氛围。线上，发动先模人物录制"美德健康 文明有章——我代言"宣传视频，制作"美德健康 文明有章"新十条宣传视频，开展"文明有章"优秀家风故事展播，累计点击量超过10万；线下，成立美德健康生活方式宣讲团，以《如此生活》为教材，开展宣讲200余场次；组织开展全民大讨论，集聚民智制定爱党爱国、崇德明礼、重信守诺、移风易俗、家风家教、奉献社会、卫生健康、文明出行、清朗网络、全民学习等美德健康《文明有"章"新十条》，倡导市民一体遵行、落地践行；聚焦美德健康"文明有章"品牌，在主要公共场所设立"美德健康 文明有章"主题景观公益广告22处，投放张贴宣传海报3.2万余张，让美德健康生活方式内容"点亮"区内每个角落。

▲ 开展倡树美德健康生活方式交流活动

▲ 通过美德健康典型宣传栏引领文明新风尚

　　聚焦典范引领，打造"文明有章"之城。以全国道德模范提名奖获得者高淑贞、"中国好人"霍中祥等为代表，开设工作室、直播间，传播正能量，换来大流量；以"德润家庭　出彩人生"为主题，评选乐业创业、红色传承、仁孝和美等典型，弘扬家庭美德、传承优秀家风家训；以美德健康"文明有章"为纲要，打造"善治明水""礼悦双山""匠心相公""美德普集"等全域示范街道品牌，形成特色鲜明、各美其美的工作格局；以"文明实践·爱在章丘"志愿服务项目大赛为契机，动员爱心企业认领志愿服务项目40余个，捐赠爱心基金400余万元，以志愿服务激活基层社会治理的"一池春水"。

（济南市章丘区委宣传部）

美德春风徐徐来　健康生活在崂山

　　青岛市崂山区立足"依山傍海、半城半乡"的区域特点，引美德健康活水浇灌乡村、社区、学校等各个领域，让新时代美德健康之风徐徐吹展崂山文明画卷。

　　促城乡融合，"体制创新＋示范引领"全域共创美德健康新局面。一方面，搭建"321"美德健康工作体系，实现文明实践、文明培育、文明创建互融互通，共促美德健康新生活。"3"即建好用好文明实践云平台、文明城市创建智慧运行平台、区级志愿服务协会这三个平台。"2"即组建完善志愿服务高端智库和项目库，特邀中国志愿服务联合会理事担任首席专家，培育153个项目，指导百人美德健康宣讲团。"1"即印发一项实施方案。另一方面，率先打造连接城乡的

▲ 崂山区举办"倡树新时代美德健康生活方式"工作展

"山海领航"文明实践展示带，为全区城乡融合推进美德健康生活方式提供率先垂范。因地制宜在城市社区推广互助会、公益联盟等运行模式，在农村培养"金种子"领军人物，带头助力倡树美德健康生活方式工作。

抓典型引领，"线上活动＋线下载体"全时共倡美德健康新风尚。 一方面，发挥200余名"身边好人"示范引领作用，培育"上善若水　德耀崂山"公民道德建设品牌，主办线上访谈类节目《崂·好人说》40余期，全平台推发《山海逐梦人》等典型事迹原创作品13个，创新开展"新时代好少年"线上学习宣传活动，深化"为爱朗读"网络公益项目，号召中小学生及其家庭共同践行美德健康新理念。另一方面，广泛动员社会力量参与志愿服务，依托爱心企业公益联盟、大学生公益联盟、青少年家庭志愿联盟三大载体，发动73家爱心企业、27个高校社团、1.5万个中小学生家庭参与志愿服务1600余场，让美德健康新生活理念通过志愿服务的方式扎根群众。

▲志愿者代表做客《崂·好人说》直播间

重全龄联动，"形式创新＋系统推进"全民共享美德健康新硕果。 推出全民喜爱的文明"爆款"，创新设计"山哥海妹"文明使者卡通形象，发布美德健康新生活系列动漫宣传片等，点播量达百万

▲弘扬端午民俗文化　倡树美德健康生活之"我们的节日·端午"主题活动启动仪式

人次。构建全方位育人的工作格局，打造7个青少年志愿服务活动基地，设立"家庭志愿日"，推出28个"校园微公益"菜单。打造全链条服务的"海誓山盟"婚礼殿堂品牌，为年轻人提供特色求婚、集体婚礼等服务，为年长者提供婚姻纪念、情感咨询等服务，累计举办系列活动160余场，惠及居民5000余人。开设全领域覆盖的美德健康新生活大讲堂，推出"十助老年教育特色专栏"，邀请专业授课老师录制9大主题、108课时线上课程，丰富居民群众精神文化生活。

（青岛市崂山区委宣传部）

用美德美化健康生活
以实践践行时代风尚

青岛市西海岸新区深入实施"新时代美德新区建设工程"，坚持"一个统揽、两个引导、三个带动"，全方位探索具有新区特色的美德健康生活方式实现路径，推动美德健康新生活深入人心，不断提升群众的幸福感和满意度。

狠抓"一个统揽"，美德理念全面深化。以思想引导为统揽，组建成立40余人的"美德健康生活宣讲团"，依托区级新时代文明实践中心开设"美德健康生活方式讲堂"，在"西海岸文明实践"微信公众平台开通"美德健康"专栏，同步打造线上、线下宣传阵地。依托各级新时代文明实践所、站等，打造"文明直播间""大集宣讲"等特色宣讲品牌，开展各类宣讲活动7000余场次。《如此生活》一书发布以来，先后在各级阵地组织开展《如此生活》系列分享会24场次，

▲倡树美德健康生活方式主题宣讲会

全区3万余人次直接受益。开展"德育乡村杯"村居文明美德故事征集，激发群众参与积极性，评选"德育模范"80余个。

注重"**两个引导**"，美德风尚全面普及。注重制度引导。制发《关于倡树新时代美德健康生活方式建设美德新区的实施方案》及6个分领域方案，探索具有西海岸新区特色的美德健康生活方式实现路径，创新提出家庭领域美德建设。注重实践引导。聚焦个人生活、家庭生活、社会生活、工作生活、消费生活等，开展"身边人讲身边事""优秀家长进课堂"等系列活动。特别在家庭建设领域，从家庭成员的衣食住行、言谈举止入手，发布"我时尚　城更靓　家更美"公益服务计划，吸引10万余人次参与。常态开展"文明家庭""新时代好少年""诚信单位"等美德实践评优树先活动。

▲"建设新时代美德青岛"暨青岛西海岸新区"我时尚　城更靓　家更美"公益服务计划发布仪式

强化"**三个带动**"，"**美德**"素养全面提升。强化点位带动。打造60个倡树美德健康生活方式美德站点，提升点位影响力，对站点使用方式、使用频次、使用条件等，进行合理施划、广泛宣传，充分

▲村民在"德育乡村"综合服务站用积分兑换商品

发挥文明实践志愿者、参与者的作用。强化示范带动。着眼国家、省、市、区四级道德典型选树工作，深入开展"最美新区人"系列评选，道德模范、文明市民等道德建设典型选树宣传及向上推荐，目前已累计推选国家级先进典型23人，省级先进典型92人，市级先进典型253人，区级先进典型1100余人。强化赋能带动。以积分赋能形式，打造300个"德育乡村"综合服务站，对群众日常行为进行评价并赋予积分，鼓励用积分兑换商品，大大激发了群众践行美德健康生活方式的积极性、主动性。

（青岛市西海岸新区工委宣传部）

美德沃土育芳华　文明新风浸民心

　　张店区作为淄博市中心城区，致力于在全市实现"3510"发展目标，将倡树新时代美德健康生活方式与文明实践、志愿服务等工作相融合，擦亮"黄桑福居地·美德张店人"城市品牌。

　　从制度入手，推进美德阵地建设"全覆盖"。完善"美德＋信用"机制建设。2021年4月，张店区形成区委、区政府部门主要负责同志"双挂帅"机制，搭建起"张店区公共信用信息平台"，归集1.47亿余条信用数据，赋予个人信用分，实施"信易批""信用＋志愿服务"等16个惠民利企应用场景。**建强"褒奖激励"兑换阵地。**依托新时代文明实践所（站）、爱心驿站、爱心商家等点位，打造集信用、志愿服务等多功能为一体的"美德微超"100余家。**打造"驻足即见"展示区（带）。**结合"一体两翼"胶济铁路线沿线打造沉

▲庆"八一"文艺汇演走进张店区马尚街道林家村

浸式、体验式美德健康生活方式展示区（带），串联打造唐库文创园、海岱楼钟书阁等公共文化阵地。

从温度出发，体现美德志愿服务"零距离"。构建志愿服务覆盖网络。在八大局市场、浅海美食城等人流量大的网红打卡点，新增志愿服务站点60余处。仅2023年五一期间，发动活动累计12万余次，服务游客62万余人次。"五为"志愿服务精准有效。建立文明实践"月月有主题"推进机制，结合"志愿山东"平台对149个新时代实践所（站）活动情况进行日通报。2023年第二季度以来志愿者注册人数增长11%，活动时长增长36万余小时，活动场次增长62%。打造"银龄课堂"等志愿服务项目211个。"追梦"文化助残志愿服务项目被文化和旅游部办公厅、中央文明办秘书局表彰为特殊群体关爱志愿服务典型案例。开展美德主题系列活动。开展"美绘工程"扮靓美丽

▲八大局新时代文明实践志愿服务站

家园志愿活动，打造"美德+信用"主题手绘墙、漫画墙等230余处。设计推出一批美德主题灭烟袋、遮阳帽等美德文创产品。增设"齐人有礼·新风10条"公益广告3万余条。

从深度着眼，永葆美德长效常态"生命力"。探索美德先进典型"量化赋分"新思路。张店区从"瑞昌生活"五大方面结合"道德模范""身边好人"等评先树优活动，将美德人、美德事充实到原有的志愿服务、美德微超等积分规则中。截至目前，全区11人获评"中国好人"，7人获评省级道德模范，64人获评"山东好人"，31人获评省级学雷锋志愿服务"四个100"先进典型。引导美德融入社区"小微治理"新路径。将"美德+信用"融入社区网格化管理，通过动员居民积极参与，开创社区治理全民参与模式，充分组织发动群众参与检查巡逻、环境整治等社区自治工作。

▲ 梅苑社区美德微超

打造美德积分规则"全域兑换"新试点。以车站街道为试点启动全领域积分银行机制改革，打造"1+6+N"美德积分通积通兑体系，激励更多的人参与到社区基层治理，实现家园自治。

（淄博市张店区委宣传部）

"六美共建"凝聚美德力量

淄博市淄川区突出打造"六美共建"品牌，着力让美德信用理念在淄川落地生根，融入市民生活。

成风化俗传美德。成立美德健康生活方式志愿宣讲队14支，利用文明实践中心（所、站）、"明理胡同"等1000余个文明实践阵地，传播淄川红色文化、聊斋文化、商贸文化中的美德理念。举办"美德淄川"文艺巡回演出27场，线上开设"美德小剧场""美德好声音""聊斋文化对话文明实践"等栏目，让美德之声响遍大街小巷。

▲ 美德西河主题文艺演出选拔赛

著书立传写美德。在全省率先编印大众简明读物——《美德健康60道》。设计制作"红娃"系列公益广告，推出《淄川美德信用30条》，征集美德诗文3800余篇、美德影画作品200余个，编辑出版

《诗词中的美德淄川》《新时代美德淄川建设画册》，全面展示美德淄川建设成果。推出"静·读"栏目50余期，在全区形成知美德、学美德、践美德的浓厚氛围。

立德树人学美德。 原创"启智谣"，开展"书香沁润礼"活动，教育孩子从小学做美德人。培育"耄寿相伴""敲门暖心"等优秀"五为"志愿服务项目40余个，汇聚起文明淄川的温暖底色。开展美德校园、园丁、少年、家长"四美"创建活动，打造全环境立体生态育人环境。大力宣传魏心东、孟祥民等先模人物，用身边人讲好身边事，用身边事教育身边人。

▲立美德之人——淄川区三岁孩童"书香沁润礼"

和美之境享美德。 建设美德健康生活实践基地12处，打造"美德广场""美德会客厅""美德文化墙"120余处。有序推进"孝水明珠 美德双杨""硒谷琉园 美德龙泉""岭上春秋 美德人家"等展示带，在柳泉湿地公园打造全市首家"美德健康"主题公园，孝妇河沿岸系列口袋公园成为市民感受美德健康生活方式的"打卡地"。

▲ 优美德之境——淄川区寨里镇紫御城美德广场

手造之器颂美德。实施"匠心向党·红动淄川"劳模工匠引领行动，依托陶琉、淄砚、鲁作红木等本土文创产业，发挥工艺美术大师、非遗传承人及文创产业人才等作用，打造"手造淄川·礼遇般阳"品牌，用高品质的文化作品讲好美德淄川建设故事。制作一批美德T恤、团扇、手提包等日用品，让美德无处不在、浸润民心。

建章立制促美德。成立一线党委，负责深化新时代美德淄川建设的谋划推进，最大限度动员各方力量推动"美德淄川"建设。发挥新时代美德淄川志愿服务队的作用，全区82个部门单位的120余支党员志愿先锋队，下沉到121个村居开展宣讲活动，实地指导基层新时代美德健康生活方式开展，持续擦亮"我在一线 实干淄川"品牌。

（淄博市淄川区委宣传部）

"四个融入"催化美德健康新生活

枣庄市薛城区以社会主义核心价值观为引领、以中华优秀传统文化为根基、以日常行为习惯养成为落点，将倡树新时代美德健康生活方式融入阵地建设、理论宣讲、美德信用和文明创建工作，美德健康新生活在薛城大地蔚然成风。

融入阵地建设，让美德健康新生活多点开花。将文明实践阵地作为倡树新时代美德健康生活方式的重要支点，依托文明实践中心（所、站）、基地以及家庭站，打造倡树美德健康生活方式示范点116处。在此基础上，串点成线、聚线成面，打造了倡树美德健康生活方式示范片区5个，为美德健康新生活倡树工作开展提供了阵地保障。

▲"捡起小烟头，拾起大文明"文明实践活动

融入理论宣讲，让美德健康新生活入脑入心。将理论宣讲作为倡树新时代美德健康生活方式的重要抓手，依托"1+8+N""明理宣讲"队伍和252支美德健康生活方式志愿服务队，开展美德健康新生活理论宣讲进机关单位、进村庄社区、进学校家庭、进企业行业、进网络空间等"五进"活动

1560余场次，开展《如此生活》读书分享会360余场次，使美德健康新生活理念深入人心。

融入美德信用，让美德健康新生活走进日常。将倡树新时代美德健康生活方式作为美德山东和信用山东试点建设的重要内容，与美德信用工作统筹推进。成立了美德信用礼遇企业（商家）联盟，设立了美德积分兑换商城，为道德模范、诚信之星、优秀志愿者等提供优惠政策100余项，实现了有德者有"得"。在现有城市书房的基础上，融入志愿服务元素，打造全市首家美德信用驿站，为广大市民提供24小时免费阅读空间，为环卫工人、外卖小哥提供免费休憩的场所。

▼枣庄市首家"薛绒花"美德信用驿站

▲薛城区周营镇中心小学学生在枣庄市家风家训馆内开展国学经典诵读活动

　　融入文明创建，让美德健康新生活春风劲吹。将倡树新时代美德健康生活方式作为文明城市创建的强大助力，全面提升市民素质。在全区所有学校实施强德固本行动，广泛开展"扣好人生第一粒扣子"主题教育实践活动，青少年美德素养得到提升。依托各级家风家训馆累计开展"好家庭好家风好家训"公益宣讲活动230余场次，以良好家风清正党风政风民风。在全区开展移风易俗"四倡四禁"活动，开展婚丧移风易俗宣传110余次，发放宣传资料5.4万余份，200余人次接受政策咨询，将文明新风吹进了百姓心田。

（枣庄市薛城区委宣传部）

让美德健康融入万家灯火

一城之美，始于文明。东营市东营区不断探索新时代美德健康生活方式实现路径和方法，聚力推进美德健康生活方式"五进"工程，统抓资源整合，巧搭阵地载体，让美德健康生活方式照亮城市文明之路。

培根铸魂，构筑美德高地。全力推进美德信用建设。编制美德信用赋能清单，举办"我的美德信用生活"征文比赛，指导20余个行业领域提供美德激励保障政策，推出美德积分管理体系，北胜社区"有邻邮局"等一批特色品牌相继涌现。全面抓好先进典型选树。持续完备好人档案，组织挂牌好人之家，制定好人礼遇办法，常态抓好"山东好人"选树工作。实施道德模范"成长培育"计划，不断发现、

▲东营区"我的美德信用生活"（"我的美德健康生活方式"）征文比赛评审现场

挖掘、培养、推树各级各类先进模范典型。**全程跟进思想道德建设。**出台《实施全环境立德树人加强和改进未成年人思想道德建设的工作方案》，组织"品读文中意 传承中华情"课本剧大赛、"国学小名士"中华经典诵读等活动。夯实全民国防教育基础工作，首创推出《关于深入推进国防教育进家庭的若干措施（试行）》，承办东营市"国防进万家"主题宣传活动启动仪式。

▲东营区组织开展"健康生活 童心童绘"主题绘美德健康生活长卷活动

绿色低碳，倡树健康生活。普及健康生活理念。实施倡树美德健康生活方式"五进"行动，开展相关宣讲400余场次，投放公益广告3700余处，通过展板、雕塑、宣传栏、好人墙、建筑小品、事迹长廊等表现形式，广泛普及绿色低碳生活知识。推进健康生活实践。组织开展"绿色行动 油地同行"倡树绿色低碳生活方式十大行动宣传推广活动，编制《绿色低碳生活方式指南》，开展"美德生活微分享"等系列推广征集活动，引导市民争做绿色低碳生活方式践行者。擦亮健康生活品牌。区志愿服务总会牵头成立"绿色使者"志愿服务团队，设计10个主项目牵引、90个子项目延展的绿色志愿项目矩阵，推动倡树绿色低碳生活方式持续深入开展。

　　拓宽领域，搭建示范场景。融入文明创建。将美德健康生活理念融入各类文明创建活动，发起"传递文明　全民在行动"文明实践主题活动，引导市民志愿参与市容环境等8大整治活动，解决问题1.1万余项。融入乡村振兴。深入推进乡村文明行动，倡导婚、丧、寿、节等新礼仪，创设"新时代文明礼堂"，文明村镇创建达标率、美丽庭院覆盖率分别达到100%、58%。融入行为日常。开展"文明乡风""随手志愿""重信守诺"等文明习惯养成行动，先行培育40个"八有"美德健康生活方式示范场景，打造美德健康生活展示带，实现部门联动，汇聚文明力量。

　　　　　　　　　　　　　　（东营市东营区委宣传部）

▲ 东营区组织举办"河海相约　缘定东营"2023年油地青年集体婚礼

美德润心　美美与共
让美德健康生活硕果满枝

　　莱州市以"厚德莱州"为引领，搭建起群众核心价值取向和日常生活的桥梁，精准派送文明"套餐"，倡树新时代美德健康生活方式，形成人人崇德向善、助人利他的社会环境。

　　强化阵地引路，让美德健康生活有"根"。打通线上、线下双平台，构筑美德健康生活方式传播主阵地。线上，依托融媒体资源，打造美德健康生活"云课堂"，开设"美德故事润新风""益老怡小直播间"等栏目，推动美德健康生活理念深入人心。线下，围绕"礼孝仁俭敬"打造美德健康生活方式体验馆，设置移风易俗答题榜、"立家训　树家风　晒家书"展厅、美德积分超市、共享工具角等板块，延伸文明传播触角。打造美德健康生活展巷12处，设置主题公益广告2600处，营造浓厚的社会氛围。

▲ 莱州市新时代美德健康新生活宣传活动

强化宣传引导，让美德健康生活有"枝"。抓实宣传教育，传递"真善美"的价值观。开展《如此生活》"五进"宣讲活动，通过"板凳课堂""楼道讲堂"等平台，开展"美德故事""美德文化分享会"等宣讲活动1100场次，扩大美德健康生活"朋友圈"。编发《乡村"论语"》《道德之光》等美育读本10万册，志愿者将读本内容编成美德小故事送到群众身边，让群众坐得住、听得进。开展"美德素养进社区"主题宣讲活动，通过宣讲美德文化、兑换美德积分、认领爱心活动等方式，把美德健康生活理念送进群众的心坎里。

▲ 莱州市开展"美德故事润新风"宣讲活动

强化服务引领，让美德健康生活有"叶"。壮大志愿服务队伍，整合百姓宣讲团、身边好人、社会组织等力量，组建市镇两级美德健康新生活志愿服务队，涵盖美德宣传、理论宣讲、文艺演出、文明倡导等15个志愿服务活动项目。实行"菜单化"服务模式，通过线上"点单专栏"，线下"微心愿墙"等方式收集群众需求，开展"五为""东莱号角""文化串门"等暖心服务，让志愿者成为倡树新时代美德健康生活方式的"扩音器"，推动美德健康生活走进千家万户。

▲莱州市开展"以花会邻"美德健康新生活活动

　　强化项目引航，让美德健康生活有"果"。 紧贴群众期盼，按照"规定动作+自选特色"，建立美德健康生活项目库，涌现出了360个特色项目，文明乡风吹遍莱州大地。在农村，从"孝"切入，打造"邻里互助""网格+志愿者"等项目，弘扬移风易俗；在社区，从"帮"切入，打造"温情社区""婆婆妈妈成长营"等项目，弘扬文明家风；在学校，从"仁"切入，打造"美德银行""经典诵读"等项目，弘扬立德树人；在机关，从"德"切入，打造"美德机关""志愿先锋"等项目，弘扬政德文化；在企业，从"诚"切入，打造"商户聚落部""商圈联盟"等项目，弘扬诚信文化。

（莱州市委宣传部）

多举措倡树美德健康新生活"浸润民心"

龙口市坚持将倡树美德健康新生活同文明实践、文明创建、文明培育紧密结合，从"美德+宣讲""美德+信用""美德+志愿服务""美德+文化文艺"四方面着手，推动文明新风走进千家万户。

"美德+宣讲"，宣扬美德健康"进心田"。龙口市积极推进美德宣讲，让群众在学习知识的同时，倡树新时代美德健康新生活。培育"宣讲时间""绿水青山传佳音""徐徐道来"等一批特色宣讲品牌，开展"移风易俗我来讲""小手拉大手　移风易俗倡文明"等系列活动，以锦里社区的楼栋善治、林苑社区的正心学堂为典范，先后开展美德健康生活方式分享会270场次；组织"龙口好人""最美家庭""美丽庭院"等评选活动，让新时代美德健康新生活既"走"进群众生活，又"住"进群众心田。

▲龙口市开发区开展"清明念故人　家风我传承"主题宣讲活动

"美德+信用"，倡树美德健康"新生活"。龙口市将"美德+信用"与基层治理紧密结合，破解基层治理"最后一公里"难题。开展"美德信用星""诚信之星"等评选表彰活动，颁发荣誉证书，发挥榜样示范作用，引导和激励群众诚实守信、崇德向善；推进"积分银行"行动，以"志愿服务+信用积分"的形式，鼓励居民通过参与理论宣讲、移风易俗、倡树新时代美德健康生活方式等志愿服务获取积分。黄山馆镇在馆前后徐村创新推行了胡同长制积分工作法，胡同组员凭借参与志愿服务活动获得信用积分，到年底时统一兑换生活用品，让诚信增值、让有德者有"得"。

"美德+志愿服务"，引领美德健康"新风尚"。龙口市精心打造"新风遍龙口""润心坊""牵手关爱行动"等31个美德健康生活市级项目"靓品牌"。将倡树美德健康新生活与"五为"志愿服务紧密结合，在全市开展"弯腰一秒捡文明""情暖夕阳红·慰问暖人心""我是你的眼 带你看世界"等活动，每年开展活动2万余场次；

▲龙口市开发区开展"五一劳动节"，关爱城市美容师，"懿"起吃饺子活动

在传统节日期间开展传承弘扬优秀传统文化，缅怀革命先烈、传承红色基因等活动，引导群众倡树美德健康生活方式，推动形成良好家风、文明乡风、淳朴民风。

"美德+文化文艺"，描绘美德健康"好风景"。龙口市充分利用现有资源，以群众喜闻乐见的方式常态化开展主题活动，让美德健康生活方式有"声"有"色"。开展"美德+文艺"活动，实现"一年一村一场戏"全覆盖，同时大力发动庄户剧团及文艺爱好者创作新节目，定期到各村进行演出，倡树新时代美德健康生活方式。在北马镇仙人桥村、奶儿夼村打造孝贤文化墙30余面，让村民在美的享受中受熏陶、受鼓舞、受教育，以文化、文明筑牢精神高地。

（龙口市委宣传部）

▼龙口市举办孝德文化节推广二十四孝贤

穿点成线　连线成带
构建美德健康新生活"奎文路径"

潍坊市奎文区深入挖掘美德健康资源和历史文化底蕴，整建制推进工作落实，穿点成线、连线成带，让美德健康新生活在奎文"落地生根""花团锦簇"。

整建制规划，构筑美德健康新生活"隆起带"。奎文区综合地域特色、行业分布、历史文化等因素，倾力打造"文化大虞""志愿梨园""文旅城南""幸福潍州""共享东关""诚信北苑""美好广文""绿色南湖"等8条美德健康新生活展示带。各展示带整合新时代文明实践所（站）、文化服务阵地、医院、学校、企业等"合伙人"260余个，共建共享美德健康新生活。搭建"马扎议事会""说理

▲奎文区美德健康新生活打卡体验点

茶社""轻骑兵驿站""百姓食堂"及"幸福汇"睦邻服务点等为民服务阵地1200余处，成为群众幸福生活的"美德地标"。各展示带从细微之处着手刻画，推动美德健康生活方式转化为人们的精神追求、日常生活和行为习惯。

多载体培育，搭建美德健康新生活"践行区"。 聚焦社区、学校、机关、企业、家庭五大领域抓落实。社区层面，积极推进"美好社区"建设，搭建社区"美好会客厅"示范点12处，使其成为群众向往的文化服务综合体。学校层面，推行"思政+美德文化""思政+文明实践"工作模式，建立思政工作室38个、"孔子学堂"39所。聘请各级党代表、道德模范300余人担任"思政特聘导师"，护航儿童健康成长。机关层面，扎实推进品牌建设，涌现出"'星火'党员志愿服务""金融诚信进万家""助老食堂""夏送清凉"等工作品牌60余个。企业层面，倡树诚信经营和节俭绿色理念，引导培育具有时代特色的企业文化，选树美德健康示范带8处、

▲青少年参加"了解新能源汽车·走进绿色新生活"研学活动

▲奎文区举办美德健康新生活宣讲团聘任仪式

诚信企业44家、诚信商户78家。在家庭层面，倡树以孝为先、敦亲睦邻、家和万事兴的时代美德，评选表扬"最美家庭"30个，建成"新时代文明实践家庭站"68家。

全环境倡树，营造美德健康新生活"强磁场"。 深入开展"百人千场"主题宣讲活动，深入机关、社区、学校等基层单位开展宣讲780余场次。开展《如此生活》读本学习讨论活动，形成"奎文人心目中的美德健康生活方式20条"。开设"美德健康新生活大讲堂"，定期巡回宣讲，内容涵盖美德事迹、传统文化、家庭教育等方面，开展专题讲座320余场次。举办"志愿服务大集""集体婚礼""公益集市"等主题活动，将美德健康服务向群众日常生活拓展延伸。创新短视频、小故事、微剧情等云播方式，推出《主播开讲》《好书推荐》《向榜样致敬》等系列融媒体产品，设计制作主题公益广告、文创作品150余件。

（潍坊市奎文区委宣传部）

"四德联动"倡树新时代美德
健康生活方式

寿光市出台《关于倡树新时代美德健康生活方式工作方案》和农村、社区、机关、学校、企业5个专项方案，成立工作专班，分类筛选101个单位先行先试，"四德联动"推动倡树新时代美德健康生活方式走深走实。

实施"释德行动"，夯实思想根基。 学习宣传上，将倡树美德健康生活方式纳入各级党委（党组）理论中心组学习内容、党校干部培训主体班次，"报、网、台、微、端"同步开设"美德"专栏，开展"新时代 新春节 讲礼仪 倡美德"行动，参与群众30余万人次。宣讲普及上，组建700余人的宣讲团，开办"美德健康家长学校"，"寿光云"、广播村村响开设美德"云讲堂"，线上、线下联动将美德

▲"倡树新时代美德健康生活方式大讲堂"线上直播

之风吹入千家万户。环境育人上，在公园绿地、主要街道等场所增设美德公园、美德长廊、文化墙200余处，营造明德守礼的浓厚氛围。

实施"立德行动"，深化教育引导。坚持以规立德，组织"倡树新时代美德健康生活方式"大讨论，50余万群众参与；修订节日礼仪、婚丧程序、市民公约、村规民约等规范，以文化人、成风化俗。坚持以督问德，创新全域创建文明指数、不文明行为提示单制度，实施"站点、标准、责任、负面"四张清单管理，组建1100余人的文明巡访团，每月公布文明指数，"千里眼+曝光台"凝聚向上力量。坚持以评促德，在农村、社区、企业等重点领域组建道德评议会，设立"红灰黑榜"，把评议的过程变成倡树美德的过程。

实施"践德行动"，注重实践养成。以"五为"志愿服务为重点，一方面，拓展服务载体，打造服务菜农的"棚管家""农帮主"等

▲"倡树新时代美德健康生活方式　建设更高水平文明城市"大讨论作品集

▲寿光市组织开展"美德典型"发布交流暨百姓故事汇宣讲活动

4个线上平台，服务老人的100余处"幸福食堂"，服务家庭的婚姻辅导中心等阵地，帮助菜农解决问题2万余个，为8万余老人送上免费"暖心餐"，劝合7500余对协议离婚夫妻。另一方面，创建志愿品牌，推出"幸福金婚""叮咚上门"等一批特色品牌，培育"善德""万禾"等一批公益组织，27万余名注册志愿者择其岗、尽其能，成为践行美德健康生活方式的先行军。

实施"明德行动"，弘扬文明风尚。选树道德典型人物，县镇村三级联动，常态化开展"道德模范""寿光好人""最美人物"等系列评选，推出全国道德模范2人、"中国好人"26人，树牢身边榜样。完善嘉许激励办法，设立500万元美德基金，出台十大类33项礼遇措施，开设"积分超市""美德小铺"80余家，为志愿者送上"大礼包"。营造社会向善氛围，对评选推出的1100余名县级道德典型，以及精神文明建设先进单位、团体，加大全媒体宣传报道力度，切实放大榜样的力量。

（寿光市委宣传部）

同创共建　统筹推进
打造"美德健康新生活"任城样板

济宁市任城区统筹推进美德健康新生活工作，将美德融入文明实践，大力倡树美德健康生活方式，用美德信用赋能精神文明建设，打造"美德健康新生活"任城样板。

高起点谋划，完善顶层设计。打造美德矩阵。立足"美德信用·仁义任城"发展思路，推出"1+15+N"品牌体系，引领辖区内15个镇街设计"幸福济阳""乐善观音阁""和美长沟"等"子品牌"。扩展N个村（社区）"微品牌"，如"人和郓庄""齐家北门""秀美大屯"等，形成"一镇街一品""一村社一品"的美德立体品牌矩阵。构建全民参与格局。每月召开美德健康校园新生活观摩会。举办"最任城·美生活新场景"推选推介活动。打造社会基本单元。制定好

▲以《如此生活》为蓝本，创排情景舞台剧《中华美德·德润九州》

榜样好故事、好活动好场景、好社区（村居）好家园"六好"美德信用基本单元建设指标体系。

高标准推进，强化宣传引导。加强阵地平台建设。聚力打造"美德信用志愿服务"示范街及示范片区，规划建设20余处志愿服务角，打造美德广场、美德长廊，建成15个"悦享小院"、66个"诚信驿站"、135个"信用超市"。丰富场景载体。发布12家"美德健康新生活"应用场景先行单位。以《如此生活》为蓝本，编印《我们身边的好人》《志愿之光》系列读本，创作情景剧《中华美德润九州》等文艺作品。全区中小学校开展"美德健康校园新生活"主题活动，举办"遇见济宁"李白、杜甫诗歌诵读·少年养志经典伴成长活动，40余所小学实践开展"礼仪童行"文明礼仪操推广暨文明礼仪主题活动。广泛宣讲传播。利用"习语润儒乡·运河创客汇"宣讲品牌、"理响声远"系列宣讲活动等载体，开展各类美德宣讲活动4200余场次。举行"诚信利他·美德生活"宣讲及"美德信用大家谈"活动300余场。

▲志愿者在"信用超市"凭工时兑换生活物品

▲开展"争做新时代文明榜样·共建美德信用任城"主题活动

　　高质量实践，推动落地见效。强化示范引领。举办"争做新时代文明榜样·共建美德信用任城"主题活动，聘任78名"文明使者"。制作"诚信二维码"，挂牌授星"诚信示范户"2100家。强化"美德+志愿服务"结合。发布"任城区10分钟志愿服务圈"地图小程序，上线162个新时代文明实践阵地和96个志愿服务站点。组建"红先锋""好青年""巾帼美"等村级"美德+"志愿服务队伍3000余支。强化褒奖激励。区财政每年列支1000余万元用于美德信用激励奖励，对美德信用等级高的居民，提供"信易批""信易贷""信易医"等十大诚信礼包。自倡树美德健康新生活以来，全区共表彰"美德信用之星"17767名。

（济宁市任城区委宣传部）

聚焦文化"两创"
倡树美德健康新生活

2013年，习近平总书记视察曲阜，提出"使孔子故里成为首善之区"的殷切期望。2022年，曲阜被确定为全省首批倡树美德健康新生活试点，一年多来，曲阜深挖文化内涵，打造"美在曲阜 德耀圣城"城市品牌，持续深化"彬彬有礼道德城市"建设，美德健康生活理念深入人心，城乡焕发文明新气象。

高标准抓好阵地建设。出台《打造中华优秀传统文化"两创"示范点 建设新时代美德曲阜实施方案》，立足"全面部署、试点推进"，高规格举办倡树美德健康新生活启动仪式和推进会，在乡村、

▲曲阜市尼山镇鲁源新村"流淌的经典"儒学美德示范街区

社区、学校、机关、企业5个领域打造66个示范点，培育出"德润小雪""美德有尼""美德在鲁"等精特新品牌，"流淌的经典"儒学美德示范街、龙虎社区美德胡同、北元疃村美德文化墙等成为新晋网红打卡地，实现"镇镇有品牌、村村有特色"。

高密度推进主题宣传。立足"实"。设立"美在曲阜 德耀圣城"专栏，省级以上媒体新闻报道70篇（条），举办美德曲阜和信用曲阜视频及静态海报作品征集大赛，征集公益广告86幅、小品小剧17个，线上线下立体展播，《观歃论道》《颜回吃粥》等作品赢得群众广泛好评。立足"广"。把倡树新时代美德健康生活方式展示宣传纳入干部大讲堂，特邀专家举办辅导报告6场。推广《如此生活》读本，编写《美德曲阜》绘本，建立"名嘴名家""青春理响"等美德健康新生活宣讲队伍，利用农村大喇叭、美德小课堂等形式宣讲上万场。立足"新"。创新"互联网+"模式，推出"主播说美德"栏目39期，举办《倡树美德健康生活方式大讲堂》76期，《圣城家庭智慧课堂》等特色直播230余场，引导群众成为倡树美德健康新生活的参与者、传播者、践行者。

高质量创新活动开展。在村居社区，深化"五为"服务，累计开展活动3.9万余场次，涌现出"敲响幸福门"等一批典型品牌，培育优质项目127个。推广

▲曲阜市在春节期间广泛开展春节礼仪试点推广工作

新中式婚礼，创新设计"新婚九礼"，打响"儒风婚尚"品牌。开展经典诵读、家风家训传承等特色活动1600余场，常态化举办"百姓儒学节"系列活动。在学校，突出全环境立德树人，深化"一校一国学导师"制度和新时代学礼改革，编印校本教材，组织开展"读《论语》·树和风"诵读等活动，实现"校校孔子像、班班论语章、处处经典句、园园溢书香"。在机关，突出德廉修身，涌现出"书香民政""崇德尚法"等机关文化品牌。在企业，突出厚道儒商，弘扬企业家精神，实施"一企一名儒学讲师"定点服务，广泛开展文明创建活动，推进企业及职工承担社会责任，持续践行美德健康生活理念。

（曲阜市委宣传部）

▼中国好人、全国文明家庭、全国五好家庭获得者孔令绍讲授家庭家教家风故事

做好"广、活、实"文章
探索美德健康生活新路径

泰安市岱岳区坚持以社会主义核心价值观为引领，以文明实践、文明创建、文明培育为载体，念好"广、活、实"三字经，推动美德健康生活方式在岱岳大地落地生根、开花结果。

着眼"广"，推动美德健康新生活"生根"。全域化推进。聚焦五个领域，把倡树美德健康生活方式与创建美丽乡村、和美社区、文明校园、模范机关、诚信企业结合起来，建设"七星"和美社区47个、美德示范村22个。立体化宣传。围绕《如此生活》，用好"台电网微端屏"宣传推广美德健康生活理念，创作的10幅作品入选"新时代美德山东"公益宣传优秀作品。《幸福板大山》荣获"美德泰安 健康生活"微视频大赛一等奖。多元化引导。创作汶河大鼓

▲岱岳区天平街道岩庄社区"和美邻里节"共享邻里情

《岱岳明天会更好》等小戏小剧，总结文明实践"三字经"，形成"八讲八培树"村居好风尚，营造崇德向善的浓厚氛围。

突出"活"，推动美德健康新生活"开花"。"美德＋理论宣讲"润民心。打造"岱下春风"宣讲品牌，形成拿着马扎、坐下能拉的"小马扎"、助力村民销售的"香椿树下"、让老人暖胃又暖心的"餐前五分钟"、解决群众急难愁盼的"丰山说事"等特色宣讲品牌。"美德＋志愿服务"善治理。精准对接群众需求，发布"五为"项目104个，开展"菜单式"志愿服务3000余场，受众12万人次。"耿大姐帮帮团"等7个典型被山东卫视"美德山东"栏目报道。"美德＋典型培树"领新风。举办"岱岳榜样"发布活动，评选区级典型52人。推树"山东好人"9人、"泰安好人"16人，以身边典型激励群众学榜样、做榜样。"美德＋移风易俗"促和谐。推广"新时代文明实践结婚礼堂""一碗菜""骨灰堂"等经验做法。每年8月举办"和美一家亲"邻里节，组织百家宴、趣味运动会等活动，以邻里和美促进美德倡树。

▲岱岳区学雷锋志愿服务活动月启动暨九女峰片区志愿服务赶大集活动

▲岱岳区倡树新时代美德健康生活方式"岳美好"品牌系列活动 ——"立家训 树家风"宣讲活动走进天平街道板大山村

　　立足"实"，推动美德健康新生活"结果"。强化组织领导。区委常委会专题研究推进落实，将倡树美德健康生活方式列入全区重点工作，纳入年度绩效考核。定期举办培训会，提升专业能力。强化示范引领。打造全市首个倡树美德健康生活方式展示区，探索形成"以美德信用打造'岩'而有信"的岩庄社区治理模式，"以小家风带动乡风大文明"的板大山村乡村治理之路，"以文化旅游赋能乡村振兴"的里峪村经验做法等。强化信用激励。统筹推进美德信用建设，将美德纳入个人信用指标，出台"信易游""信易医"等90余项惠民应用场景，与威海荣成、日照莒县成立全国首个县域层面跨区域信用惠民合作联盟，引导群众自觉养成文明健康的生活方式。

（泰安市岱岳区委宣传部）

"和美家"品牌
倡树"美德健康"生活新风

泰安泰山区创新打造"和美家"品牌，推动家人、家庭、家园三"家"共建，在全社会引领美德健康新生活。

活动引领＋榜样带动，广泛培育"和美家人"。 "和美家人"与志愿服务活动共建共促，建立包含50个项目的志愿服务项目库，打造"瑞迪e修站""泰山义工""红色岱峰"等10个志愿服务品牌，广泛开展健康宣讲、红色故事宣讲等"和美"系列公益志愿活动，有效普及孝老爱亲、节约绿色、诚信利他等文明风尚，发放《倡议书》等宣传资料2.3万余册，受教育群众达12万余人次。通过活动培树助人为乐张际振、"小小公益"张广民等一批"和美家人"模范榜样，培育壮大"雅卓健康驿站""伟娟中国剪纸"等一批特色服务品牌。积极开展"先模人物在我身边，文明实践遍地花开"主题宣传活动，运用"掌上泰山区"APP、报告会、文明广场等线上线下载体宣传好

▲九九重阳节文化演出

人事迹，2022年以来全区共有5人入选"山东好人"，16人入选"泰安好人"。

家风培树＋家庭教育，积极打造"和美家庭"。 推动家风培树，在岱庙街道花园社区、泰前街道嘉德社区、邱家店镇北王庄村等社区村打造一批家风家训教育阵地，组织开展"说家风·谈家训""好家风故事分享"等教育实践活动50余场。提升家庭教育，开办"美德健康家长学校"，打造"e路先锋"公益讲堂，邀请专家在线上推出"身在何处——践行初心使命100年""亲子关系""夫妻关系"等系列微课堂，推动社会家庭层面践行社会主义核心价值观。做好家庭创建，将"和美家庭"建设有机融入文明城市、文明村镇、文明校园、文明家庭、美丽庭院等创建活动，涌现出贾美荣拥军优属、韩增峰见义勇为、袁明英孝老爱亲等模范"和美家庭"，在区级、街道镇、社区村三级开展"和美家庭十百千"系列评选，评出50户区级"十佳和美家庭"。

▲泰山区大官庄"和美家"风采展示区

▲泰山区开展"溢彩心晴共阅读"活动

网格治理＋阵地提升，全面建设"和美家园"。发挥社区村在建设美德健康生活方式中的作用。以网格治理"聚民心"，加强"慧治理""融治理"等基层治理创新，提升为民服务质量，特别是在疫情防控工作中深化网格治理，及时关注解决特殊困难群体需求，在岱庙街道东湖社区、上高街道双龙社区等社区评树出一批"最美楼道"。以活动阵地"聚文化"，打造提升群众文体活动场所，2023年共改造提升新时代文明实践站56个、新建文体广场15个，有效确保文明实践有场所、志愿服务有阵地、文体活动有舞台。以美德倡树"聚新风"，通过发动社区村开展"溢彩心晴共阅读""大厨教我来做菜""百姓名嘴唠家常"等文明实践活动，有效融入移风易俗、孝老爱亲、诚信利他等文明新风。

（泰安市泰山区委宣传部）

让美德健康新生活拉满
文明实践"进度条"

　　威海市环翠区将倡树新时代美德健康生活方式同文明实践、文明创建、文明培育紧密结合，创新形式，积极探索，加快推动文明新风走进千家万户。

　　统筹结合，美德健康落地见效。加强顶层设计。印发了《环翠区关于倡树新时代美德健康生活方式的实施方案》，建立党委宣传部门牵头负责、党政群齐抓共管、全社会共同参与的工作格局。积极整合资源。线上推出"云课堂"，发布"三言两语话文明"专题，开展随手拍宣传推广活动；线下推出美德健康生活方式公益广告，打造"倡树美德健康生活方式体验区"，推动美德健康生活方式转化为人们的精神追求、日常生活和行为习惯。强化阵地建设。打造鲸园街道花园社区、威海环翠中学等6处示范点，将美德渗入生活点滴中。创建489处美德家庭站，开展活动2万余场次，聚集了人气，凝聚了人心，更促进了邻里关系和谐。

▲环翠区倡树新时代美德健康生活方式云课堂

　　弘扬新风，美德健康筑牢根基。突出思想铸魂强信心。组建美德健康生活方式宣讲队伍，打造"美德健康诗友会、故事汇"等10

余个特色品牌宣讲项目，购买《如此生活》书籍600本，开展"习语润心""中国梦　新时代　新征程"等宣讲活动千余场次，引导群众积极践行美德健康生活方式。坚持以文化凝聚民心。利用春节、元宵节等传统节日，开展"我在实践站过春节""'艺起来'闹元宵"等主题实践活动600余场次，持续提升了新时代文明实践活动的吸引力和影响力。实施立德树人筑同心。连续15年推进"厚德环翠"品牌建设，持续开展新时代文明实践"厚德环翠·最美典型"评选。截至目前，共推出各级道德模范、好人800余名，营造了向上向善向好的浓厚氛围，让环翠区美德生活的土壤日益肥沃。

　　精准服务，美德健康深入人心。壮大美德志愿队伍规模。组建理论政策宣讲队等17支专业志愿服务队，常态化开展立德树人、美丽庭院创建等系列志愿服务；聘请山东大学（威海校区）等高校的教师以及礼仪协会会员组建导师队伍，每季度举办1次不同主题的美德健康生活方式集训，切实提高志愿服务能力。健全"保障+激励"志

▲环翠区举办"倡树新时代美德健康生活方式　助力慈善公益事业"主题活动

▲威海市深化"五为"文明实践环翠区"新时代美德健康生活方式"志愿服务活动启动仪式

愿服务体系。将志愿服务积分与信用积分、海贝分挂钩，持续开展最美志愿者、优秀社会组织、优秀项目、最美社区评选表彰，极大调动了群众参与新时代文明实践活动的积极性。**强化志愿服务"四化"建设**。发布"五为"项目130个，开展"五为"志愿服务活动3000余场次，服务群众2.5万人次；打造15分钟志愿服务圈，在全区9个镇街设立11处"雷锋驿站"，扩大了志愿服务的途径和渠道。打造新时代文明实践"合伙人"模式，征集爱心企业捐赠款100余万元。

（威海市环翠区委宣传部）

坚持知行合一　突出融合发展
以美德为引领打造幸福生活共同体

　　荣成市坚持道德教化与实践养成并重、美德建设与重点工作融合发展，策划开展主题鲜明的系列活动，推进美德健康生活方式落地生根、蔚然成风，打造群众幸福生活共同体。

　　突出立心铸魂，形成广泛认同的美德健康生活理念。 市级，成立荣成美德宣讲志愿服务总队，下辖文明宣讲、家风传承、红马扎等37支美德宣讲队；镇村，均成立1支镇村美德宣讲队，就近就便开展宣讲。坚持线上线下相结合，创新推出各类特色实践活动。线上，开办了"我的美德故事"直播间，每周邀请美德诚信典型，讲述美德信用故事。线下，举办了"美德荣成　信用荣成"赤山杯"五为·我

▲荣成市美德信用"五进"宣讲走进崖头街道青山社区

的志愿故事"宣讲大赛，全市共有85支志愿服务团队参赛，用一个个感人至深的身边故事弘扬美德。截至目前，全市已开展各类美德宣讲2400余场次，受益群众超过12万人次。举办的2023"美德荣成 信用荣成"志愿公益典礼，市级领导班子全体成员参加，市委主要领导现场为优秀典型颁奖。22个镇街和所辖村居，同步开展美德信用典型表彰活动，已表彰各类典型1.3万个。

突出笃行守正，培养美美与共的美德健康生活风尚。荣成市引导群众广泛参与"五为"志愿服务，在邻里守望、互助奉献中将美德健康生活方式内化于心、外践于行。依托新时代文明实践所（站）打造了50余处"社区居民会客厅""农村邻里议事厅"，引导群众前来拉呱聊天、协商议事、调处矛盾；在文明实践中心云平台开设"志愿+诉求"板块，将老年人就医购药、水暖维修等"诉求件"转换为"志愿件"，及时满足群众所急所需所盼。按照"政府资金引导、爱心企业冠名赞助、志愿服务团队具体实施"的运作模式，推行"爱心伙伴"项目计划，连续六年召开新闻发布会，发布文明实践志愿服务项目1200余个，引导爱心企业积极认领，募集善款1000余万元。

▲荣成市"美德信用"宣讲志愿服务总队授旗暨美德健康生活方式宣讲培训活动

突出融合互动，构建有机统一的美德健康生活体系。强化系统思维，突出融合推进，将倡树新时代美德健康生活方式深度融入文明创建、乡村振兴、全环境立德树人等重点工作。结合全国文明城市创建，探索实

▲荣成市"街长"志愿者向商户解释相关法规

施"街长制"，创新推出"领着市民管市容"美德实践活动，将城市管理这一大课题分解成若干小课题，以主题的"点"拉动美德实践的"线"，从而推动城市管理"面"的提升。把倡树美德健康新生活和创建新时代文明信用村镇相结合，打造了美德示范村居、新时代美德街区等，搭建了暖心食堂、利民服务社、诚信共享屋、洗衣坊等阵地1782个，常态化开展美德评选、信用积分兑换等活动，提升村民参与移风易俗、和美乡村建设等工作的积极性和主动性。

（荣成市委宣传部）

美德健康春风化雨　健康生活沁润人心

莒县积极弘扬美德健康新生活，建设新时代美德莒县。让美德健康春风化雨，让健康生活沁润人心。

线上线下凝心聚力。将美德健康新生活纳入全县宣传干部培训课程，举办专题培训2期。召开全县新时代文明实践暨美德健康观摩会议，对深化美德健康新生活工作进行专题安排部署，推动工作落细落实。在"莒县文明实践"文心号开设倡树新时代美德健康生活方式宣讲云课堂，定期更新课程，累计发布"美德健康新生活云课堂""文明实践相伴　美德健康守护"课程28期。

▲倡树新时代美德健康生活方式宣讲云课堂

邻里互助向善向美。积极探索推进邻里互助志愿服务，成立187支邻里互助志愿服务队。在全县学雷锋志愿服务启动仪式上，为邻里互助志愿服务队举行授旗仪式，积极构建困有所助、难有所帮的邻里互助文化。同时，广泛开展"公益大集"邻里互助志愿服务活动160余场，为居民提供义诊、义剪、义磨、政策宣传、法律咨询、心理咨询等志愿服务。

▲ 倡树新时代美德健康生活方式专题培训

　　主题活动倡树新风。结合重要时间节点，组织县直专业志愿服务队开展"见证幸福时刻　弘扬文明新风""文明旅游"等新时代文明实践志愿服务活动120余场。组织新时代文明实践所（站）广泛开展"一周一村健康行""美德健康进社区"、美德健康新生活主题宣讲等主题志愿服务活动200余场。结合群众性体育活动，融合美德健康元

▲ 莒县新时代文明实践活动

素，联合开展"城市欢乐跑""健步行""趣味运动会"等活动100余场次，引导群众积极弘扬和践行美德健康生活方式。

《如此生活》美好相伴。将《如此生活》通俗读本宣传作为倡树美德健康新生活重要任务，县新时代文明实践中心录制"如此生活"专题宣讲短视频，并创新将读本学习纳入每月农村党员群众"议事·学习日"议题，引导农村党员群众自觉践行美德健康新生活。在新时代文明实践所（站）举办《如此生活》专题读书会10期，通过集中学习、分享心得体会等形式，进一步激发向上向善强大力量。

（莒县县委宣传部）

创新"435"工作法
倡树新时代美德健康生活方式

日照市岚山区以社会主义核心价值观为引领，以中华优秀传统文化为根基，以文化"两创"为基础，以群众日常行为习惯养成为落点，创新"435"工作法，倡树新时代美德健康生活方式。

抓牢四项建设，走出服务群众"新路子"。机制建设"有指引"。制定出台《关于倡树新时代美德健康生活方式的实施方案》，举办3期培训会，形成系统完善的工作部署。阵地建设"有依托"。依托1084处实践所（站）、1452处家庭站、60余处美德街（广场），构建"15分钟美德健康服务圈"，打造美德健康新生活"大本营"。平台融合"有延伸"。依托有线电视智慧平台、智慧"小喇叭"、"爱岚山"APP等平台开设"美德健康生活""正能量在身边"等栏目，

▲岚山区安东卫街道北街社区举办"喜迎元宵节　欢乐庆团圆"新时代文明实践活动

上传800余条音视频资料，打造"乡村的电视台、家中的广播站"，让美德健康生活方式"声声入耳"深入人心。**志愿队伍"有保障"。**成立42支美德健康新生活志愿服务队，招募志愿者9.6万余名，围绕自律助人、孝老爱亲、诚信利他等5个方面开展志愿服务活动2.6万余场次。

聚焦三个方位，培育美德生活"新风尚"。红色文化润心。深入挖掘岚山红色文化的内涵，创新打造"培根铸魂·启智润心"红色教育品牌，组建"山东老兵""爱岚"等志愿服务队，开展"崇尚军人·关爱老兵"志愿服务活动520余场次，邀请"最美兵妈妈""最美军嫂"等分享家风故事220余场次，举办"双拥"活动70余场次。*正面典型培育。*连续六年举办"最美岚山人"评比表彰活动；打造"实诚日照人 岚山有声邮局"专栏，目前已发布34期；开展"身边好人面对面"分享活动14期。*服务项目创新。*创新打造"红辉暖心""小巷管家""向日葵心理健康小课堂"等57个美德健康生活项目，开展"红辉助老""我为小天使种梦想"等活动880余场。

▲ 日照市爱岚志愿服务队老兵突击队成立暨授旗仪式在金牛岭社区举行

▲岚山区实验小学举办"十礼童行手拉手——彩虹有约家长论坛"活动

融入五大领域，打造美德建设"新生态"。在乡村，创新"爱在岚山·新礼禧俗"婚俗品牌，为897对新人举办文明婚礼；创新文明礼葬品牌，组织1210名志愿者，按照"十提倡十反对、八项流程、四个步骤"办理丧事，倡导厚养礼葬。在社区，创新"邻邻亲"熟人社区品牌，开展"邻里节""邻里共文明"活动1600余场。在学校，创新"十礼童行"育人品牌，开发"贝壳画"等校本课程120项，开展家风家教、"美德少年"评比等活动1200余场。在机关，举办"岚山大讲堂""干部提升班"等220余场，组织文明单位开展帮扶共建活动900余场。在企业，开展"中国梦·劳动美"主题宣讲160余场，建设商铺"一铺一码"信用管理平台，开展"诚信之星"评选、发放"流动红旗"等活动120余场。

（日照市岚山区委宣传部）

美德健康彰特色　文明新风进万家

沂南县坚持问题导向、立足群众需求，围绕"体系构建、方法创新、品牌建设"，建立县镇村三级组织架构，打造志愿服务和美德宣讲两支队伍，落实系列主题活动，"3+2+N"路径让美德健康生活方式厚植沂南沃土。

着力体系构建，倾力彰显沂南特色。发挥区域特色，阵地建设遍地开花。搭建新时代文明实践中心、所、站三级组织架构，整合农村大舞台、文化小广场等阵地资源，建立美德广场30处、美德长廊20处，打造"心灵小屋"等实践基地30个。凝聚强大合力，志愿队伍全域覆盖。建立县镇村三级志愿服务队伍，县总队下设美德健康、法律服务等17支专业队伍，形成"1+17+N"队伍体系，为群众

▲沂蒙小伙自行车迎新娘倡树文明新风

提供移动式、交互式服务。**坚持示范带动，打造美德健康展示点（带）**。召开各类推进会、观摩会、联席会议，现场观摩、学比赶超，推进美德健康生活方式展示点和展示带建设，推出示范点36个，打造"大爱沂南""红色文化"两条美德健康展示带。

着力方法创新，美德健康提速增效。做实宣讲文章，拓宽美德实践触角。在新时代文明实践站设立美德大讲堂，举办"美德健康素养大提升""红色故事会"等各类宣讲1500余场；发挥"沂蒙老兵""新红嫂"作用，开展沂蒙精神、红色故事会特色宣讲。强化德治教育，融合推进美德建设。推进"美德健康新生活进校园"主题活动，32余所中小学校将其纳入校园文化，举行"幸福家长大讲堂"20期、"师德报告会"80余场次。加强诚信建设，试点推行积分管理。制定《家庭文明诚信积分管理办法》，推进"美德公约+积分管理"村民自治，82个村居探索推行家庭积分档案，建立爱心超市120处，推出"美德积分贷"信贷产品，发放贷款4.1亿元。

▲砖埠镇中心小学开展"晒家风 倡文明"活动

▲幸福家园揭牌暨新时代美德志愿服务项目启动现场

　　着力品牌建设，提升社会认同感。 深挖特色资源，打造"大爱沂南"品牌。开展"'五为'志愿服务启动仪式""儿童健康万里行"等主题活动12场次。重点培育"童心筑梦""一束阳光"等美德健康服务项目30个。汲取精神力量，唱响文明新风尚。组织主题摄影展、书画展、公益广告大赛；开展"最美家庭""文明家庭""星级文明户"文明创建活动；举办"好婆婆""好媳妇""身边好人"及"最美志愿者"等12个"最美"系列评选活动。培育文化土壤，点亮民众生活。举办"亲子阅读""广场舞大赛""集体婚礼"和"青春有约　缘来是你"青年联谊活动等群众性文化活动。建立"爱情公社"，开展"景区喜事新办新婚游"活动，赢得新人广泛赞誉。

（沂南县委宣传部）

"三个维度"探索美德健康生活方式
"立体养成"新路径

　　乐陵市从资源融合强阵地、搭建平台聚民力、跨界交互亮品牌三个维度入手，探索具有乐陵特色的美德倡树实现路径，打造"美在乐陵·德润万家"特色品牌，推动文明美德在实践中入脑入心，在服务中浸润养成，为城市建设营造"家"氛围，为乡村振兴凝聚"家"力量。

　　线上线下"花开并蒂"，美德阵地"进街入巷"。线上，依托"乐陵融媒"APP打造美德健康"云养成"平台，开展"美在乐陵·德润万家"公益直播、美德小剧场、"乐益·乐工线上分享课"等栏目，通过邀请名师讲课，跟随式直播让中国金丝小枣文化博物馆、

▲乐陵市开展"国学课堂"，以传统文化润泽童心

乐陵市大孙爱国主义教育展馆"上云",使文明美德"换个姿势"走进千家万户,截至目前已开展35期,近40万人点赞收看;线下,在155处新时代文明实践所(站)建立美德课堂,依托纳凉亭、景观亭、文化广场建设510处美德和乐小亭、"家文化"广场,在居民小区建设120处"乐好邻·文明楼道"。同时,突出特色打造了美德农民画风情街、美德健康步行道、"学习强国号"美德公交、美德家风馆等美德健康生活方式主题阵地。功能性阵地、氛围性阵地及流动性阵地交叉辐射,构建起"群众身边15分钟美育圈"。

▲乐陵市举办"倡树美德健康生活方式"主题志愿服务活动

活动突出"身边草根",美德传播"活灵活现"。围绕"服务身边、草根带动"两条主线,依托文明单位帮包社区的文明"1+1"机制,"乐农先锋""送戏下乡""金种子"等168个市级特色志愿服务队送服务进家门,身体力行在一线践行美德健康生活方式。8支"乐享听"百姓宣讲志愿服务队扎实开展宣讲工作,美德少年讲解员深入基层开展宣讲活动,于田间地头传播"美德故事"。组织"好媳妇""好婆婆""身边好人"等"草根达人"组建榜样宣讲团246个,在各类阵地开展《如此生活》系列阅享会和"婆婆也是妈""媳妇也是娃""日子咋过才幸福"等接地气、有热度的幸福分享会,美德倡树生动有趣、活灵活现。

▲乐陵市"美德课堂"开展"体验活字印刷 探寻非遗之美"文明实践活动

　　机制养成"跨界交互"，美德凸显"联动效应"。突出阵地跨界，在暖心食堂、美德书房、科普主题文明实践站、美德健康智慧公园等阵地设立美德健康生活方式体验点，组织学校、机关、农村等多领域群众到阵地开展文化之美等体验活动105次，以转换阵地扩大群众生活视角、以拓宽价值体验引发群众对生活方式的思考，引导其形成健康的道德价值观。突出实践交互，组织开展美德少年志愿先锋队走出"象牙塔"走进生活实践，组建"暖妈妈老师团"关怀留守儿童，推动"乡村美如画"志愿服务团参加市级农民画展览……2022年至今，像这样跨领域交互式志愿服务活动已举办2000余次，情感在交互中缔结，美德在实践中浸润。

（乐陵市委宣传部）

下好美德健康"三步棋"
擦亮美德新名片

临清市持续深入推进中华优秀传统文化创造性转化、创新性发展，强化教育引导、实践养成、文化润心、示范带动，积极探索倡树美德健康生活方式新路径，推动新时代美德健康生活方式在临清走深走实、落地生根。

营造浓厚氛围，布局"先手棋"。召开临清市级工作安排部署会、推进会，下发专题文件，发布倡议书，拟定《临清市新时代美德健康生活方式30条》，开展美德健康生活方式全民大讨论，在全市范围内全面推开。在行政村打造美德健康一条街，张贴美德健康生活方式"一米线"宣传标语1200余条，营造了倡树美德健康生活方式的浓厚氛围。组建了123支美德健康生活方式志愿服务队和市级百人宣讲团，线上线下开展"倡树美德健康生活方式"主题宣讲活动260余场次，惠及群众

▲临清市召开文明委全体会议暨倡树美德健康生活方式推进会

8000余人。通过党员夜会开设"美德健康大讲堂"进行云直播，全市近600个网格村、85个文明单位设分会场收听收看，观看人数近5万人。

开展特色活动，盘活"长效棋"。 在"临清融媒"客户端，设置"倡树美德健康生活方式"专栏，线上开展"主播说美德""动漫传美德""百人百场讲美德""美德健康云宣讲""全民健身　健康临清""全民阅读　书香临清""美德健康21天打卡"等系列主题宣传活动，形成线上线下宣传领域全覆盖，惠及党员、群众10余万人。开展"临清正能量"评选，截至目前，在抖音、快手平台发布正能量视频396个，累计播放量906万次。在市级媒体开设"美德临清·信用临清"专栏，下设"品读《如此生活》，共赴文明之约""美德诚信我接力""美德健康打卡地""晒晒我的好习惯""小手拉大手，文明齐步走""凡人微光　德润临清""美德会客厅""美德健康'动'起来""美德健康'艺'起来""美德诚信故事我来讲"10个主题栏目，通过抖音、快手、电台、视频号等媒体平台进行全方位、立体式宣传。

▲ 在市融媒体开设"品读《如此生活》，共赴文明之约"读书分享栏目

▲临清市"百人百场讲美德"主题宣讲走进康庄镇活动

　　打造应用场景，走好"关键棋"。精心打造景庄村"爱心课堂"，十里坞村美德健康"示范胡同"，红星社区"邻里中心户"，唐园小学"家庭图书馆"，供电公司人文、诚信、责任、服务、文化、保障、风尚"七大品牌"，农商行"五大家园"6个美德健康生活方式试点。在镇街打造32个美德健康新生活村居（社区）展示点，在市内重点打造了济津河沿岸、环红星社区等4个展示区（带）。在全市设立了75个"美德信用积分超市"，通过积分兑换，激发农民群众参与乡村治理的积极性、主动性。

（临清市委宣传部）

坚持"三个结合"，实现"三个突破" 打造美德健康"邹平样板"

为深入推进中华优秀传统文化与文明实践融通融合发展，邹平市通过坚持"三个结合"，加快建设"邹平一眼 黄河千年"沿黄河文明实践展示带，打造美德健康生活方式"邹平样板"。

▲邹平市开展"幸福护航"志愿服务项目，培育婚育新风

统筹"线上+线下"，筑牢文明创建阵地。 突出文化文明跨区域交流，在深圳市宝安区建成"邹进深圳"新时代文明实践交流基地，陆续建成韩店镇·石岩街道、青阳镇·航城街道等镇（街道）层面交流平台。整合企业资源，在方霖铝业建成首个美德健康生活方式体验馆。以全环境立德树人教育为核心，在台子镇建成乡村美学教育基地。从乡村、社区、学校、机关、企业等5个层面精心打造美

德健康生活方式示范点32处，每处配备2册《如此生活》通俗读本。市新时代文明实践中心整合"四馆一团"（文化馆、美术馆、图书馆、博物馆、吕剧团）资源，举办美德健康生活方式讲堂57期。高新街道司家村探索开展"码"上宣讲、"码"上文艺，"码"上实践渐成美德健康新风。九户镇将美德健康生活与垃圾清运车公益宣传相结合，市妇联将儿童友好城市建成与巾帼公交相结合，打造了流动的美德健康新生活风景线。

▲ 黄山街道侯家村设立智能垃圾分类投放站，方便社区居民投放生活垃圾

聚力"整治＋化俗"，涵养文明培育新风。扎实开展"反对浪费 文明办事"移风易俗专项行动，在魏桥镇孟寺村建成首家新时代结婚礼堂，完成首部移风易俗专题原创微电影《自己挖坑自己填》并进行线上展演，清明节网上追思会做法被《山东新闻联播》刊载。在九户镇成家村等地建成农村孝善食堂95处，有效解决了农村空巢、困难、失独、高龄老人"用餐难"难题。在孙镇推行"道德银行"、在韩店镇杨村推行"积分制"，树立了让有德者有"得"的鲜明社会导向。实施"美丽庭院"创建工作，开展庭院小课堂94场次，建设美丽庭院35748户，实现以每家之"小美"共绘乡村之"大美"。

▲第六届中国伏生诗会

　　融合"志愿＋社工"，塑造文明实践品牌。出台《"社会工作＋志愿服务"建设实施方案》，举办"五为"志愿服务项目大赛。聚焦服务"一小一老一困"等群体，16个社工站联动社区社会组织198个，孵化社会组织13个，联动志愿者2835人次。在高新街道徐毛村等10个村建成"向阳花"积分超市，举办"向阳花"流动公益课堂116期，为辖区1300余名青少年提供了优质、多彩的课后生活。提炼黄山街道"七彩"志愿服务品牌，用群众喜闻乐见的方式阐释新时代文明实践志愿服务的丰富内涵。深入挖掘伏生、范仲淹等地域文化资源，举办第六届国际《尚书》学学术大会暨第六届中国伏生诗会，至2023年连续举办十三届范公读书文化节。坚持问需于民、问计于民、问效于民，率先开展文明实践群众指数评价，打造"平语邹心"美德健康生活方式小讲堂、文明实践家庭站"小马扎"课堂等文明实践品牌40余个。

（邹平市委宣传部）

文明新风扑面来 美德生活润民心

文明花开，德润成武。成武县坚持以建设新时代美德山东为目标，抓牢移风易俗、好人选树、文明实践三个载体，让美德健康生活理念深入心、践于行，推动美德健康新生活在成武蔚然成风。

移风易俗落地见效，畅享美德新生活。成武县把移风易俗作为倡树美德健康新生活的重要抓手，印发《关于进一步深化移风易俗工作的实施方案》，完善《成武县喜事新办丧事简办指导标准》，全县469个村（居）全部成立红白理事会，将移风易俗纳入村规民约等有关配套制度。推出"郜城新风"移风易俗品牌，创新打造"青成之恋"公益相亲大会、"倾成之恋 缘定郜城"集体婚礼、"移"呼百应宣讲活动等"六个一"项目。县级层面组建"爱心鹊桥"百名红娘志愿服务队，镇村成立移风易俗志愿服务队，开展移风易俗专题培训1500余场、主题宣讲4000余场，利用春节、元宵节等传统节日开展移风易俗主题文艺巡演活动10余次。

▲成武县组织召开美德健康生活方式推进会

好人精神蔚然成风，引领美德新风尚。成武县大力推进美德信用成武建设，开展"听党话、感党恩、跟党走"宣传教育暨"村事民当家"文明实践活动，广泛选树美德诚信模范。探索商场、超市、乡

▲成武县白浮图镇陈庄村开展"孝老爱亲饺子宴"志愿服务活动

村卖铺联建积分超市模式，实现全县镇街、村美德信用积分超市全覆盖，招募1148家爱心商家，为美德诚信模范提供9折以下优惠。统筹推进"美德诚信+"模式，为美德诚信模范提供贷款等15项惠享政策。统一颁发"德尚卡"，持卡可在全县"爱心商家"享受购物、餐饮、住宿、旅游等礼遇，县委县政府设立1500万元美德基金，组织美德诚信模范免费游城、免费乘坐公交车、免费健康查体。2022年以来，全县共评选"美德诚信模范"30000余名、"美德机关"32家、"美德企业"18家，10人入选"山东好人"，经验做法被人民网、《光明日报》等省级以上主流媒体刊发50余次。

文明实践掷地有声，激发美德新活力。在文明实践中心（所、站）全覆盖的基础上，拓展建设1407处文明实践家庭站，量身打造各类主题的新时代美德健康生活方式展示带13个、展示点195个。坚持以群众需求为导向，开展全民文化体育艺术节、"郜城欢歌"歌唱比赛、"晒晒我家的美德健康新生活"等群众性文化体育活动，群众参与

▲ 成武县在新时代文明实践中心组织开展2023年闹元宵民间艺术家暨乡村文化振兴启动仪式

率达70%以上。建设县新时代文明实践中心志愿服务孵化基地，收录500余个优秀志愿服务品牌。其中"幸福敲响五保老人门"等20个优秀项目入选全省学雷锋志愿服务"四个100"优秀志愿服务典型，"彩虹豆"志愿者服务协会入选全国学雷锋志愿服务"四个100"最佳志愿服务组织，国网成武供电公司入选第七批全国学雷锋活动示范点。

（成武县委宣传部）

倡树美德健康新生活
绘就文明和谐新画卷

单县积极整合多方资源，坚持需求导向，多措并举推动美德健康新生活转化为人们的精神追求、日常生活和行为习惯，推动形成人人崇美尚德的良好社会风尚。

加强组织领导，筑牢美德健康"主心骨"。 将倡树美德健康新生活作为精神文明建设的重点工作，定期向县委常委会做专题汇报，纳入意识形态工作责任制督查和专项巡察，推动工作落实到位。制定印发《单县关于倡树新时代美德健康新生活的工作方案》，召开工作推进会，压实责任，明确分工，任务化、清单化推进倡树美德健康新生活工作向纵深发展。

▲单县倡树美德健康生活方式"社区就是咱的家"主题活动启动仪式

加强阵地建设，延伸美德健康"新触角"。 发挥示范引领作用，打造"美德健康新生活示范点"，从乡村、社区、学校、机关、企业五大领域推选出美德健康新生活示范点30个，以点带面，推动美德健康新生活遍地开花。整合新时代文明实践综合体、红色湖西教育基地、学校、医院、孔子学堂、善益站、美德信用街区、旅游景区等优质特色资源，串珠成线、串点成片，持续丰富服务内容、提升服务能级、创新服务机制，分别打造"文以载道　至美至单"文化路文明实践展示区和"进单尽美　善清水秀"单县东舜河美德健康生活方式展示带。

▲单县开展"美德健康生活方式线下课堂进企业"活动

强化宣传引导，营造美德健康"好氛围"。 在场地开阔、人流量大的城区主要路口和大型公园设立大型社会主义核心价值观城市小品和宣传牌60余处，利用500余个户外大屏幕、LED显示屏刊播"反对浪费　文明办事""节约能源　健康出行"、孝老爱亲、自律助人等美德健康新生活公益广告5000余次。利用"单县发布""文明单县"等新媒体平台定期发布倡树美德健康新生活公益信息2300余条，形成多维度、多层面的美德健康新生活宣传矩阵。

▲单县举办"善喜缘"新时代文明实践集体婚礼

开展主题活动，引领美德健康"新风尚"。组建县乡村三级美德健康新生活志愿服务队，形成上下贯通、横向合作的志愿服务体系。"线上＋线下"联动开展专题活动。线上，在"文明单县"微信公众平台开设专栏，打造新时代倡树美德健康新生活"云上课堂"，让广大群众学在指尖，学在日常。线下，积极开展倡树美德健康新生活"五进"志愿服务活动4200余场次，惠及群众20万余人。将倡树美德健康新生活与移风易俗工作紧密结合，2022年9月，举办"善喜缘"集体婚礼，网络点击量超过1.9亿；2023年5月，发布"善知缘"青年联谊品牌，进一步倡导文明婚俗观。设立美德信用积分超市，推进美德、信用建设互促共融、一体推进，不断提升美德健康新生活辐射面和影响力。

（单县县委宣传部）

美德实践

在乡村，各地将倡树美德健康新生活与打造乡村振兴齐鲁样板紧密结合，深入挖掘优秀农耕文化，扎实推进乡村文明行动，持续深化移风易俗，建好用好乡村新时代文明实践站，打造美德公园、美德长廊、百姓茶社等美德阵地，广泛建设美德积分兑换超市，深入推进美德健康新生活在乡村落地生根、开花结果。

乡村篇

XIANG CUN PIAN

传承美德　积善如流

　　莱西市夏格庄镇双山村以优秀传统文化资源为依托，以倡树美德健康新生活为切入点，走出一条自治、德治、法治相融合的乡村善治之路。

　　从传说到传承，打造道德文化教育新阵地。双山村深入挖掘元朝良将马亮、明代大理寺卿张梦鲤、中共莱阳县委第一任书记李伯颜等人文历史资源，通过编纂书籍等形式弘扬传统文化和红色文化等宝贵精神财富；以习近平总书记"家风""家训"重要论述为建设理念，先后投资300余万元打造青岛市首家政德主题教育基地，以双山张氏"清、慎、勤、智、仁、勇"六字箴言为准则，结合新时代发展大潮，对夏格庄镇436位人士的贤德事迹进行深入解读，用道德文化引领风尚、教育群众、推动发展、促进和谐。

　　从积善到积分，构建道德积分治理新体系。双山村把道德积分制作为推动基层社会治理的有效抓手，成立了道德信用评价小组，拨出3万元道德资金，把配合村庄土地规模经营、环境整治、志愿服

▲莱西市夏格庄镇双山村双山政德教育基地

务等情况纳入村民道德积分内容，每季度积分情况经道德评议会审查并在村宣传栏公示，录入"上善莱西 志愿之城"平台。"小积分"关系到面子和物质奖励，家家户户对此极为重视，促进了村内各项工作开展。在环境卫生整治中，村内成立卫生监督评比小组，由分管的两名村委成员和八名村民代表组成，每月随机对每户卫生区按百分制打分，分档对应道德分值，分数高的家庭获得相应积分，并悬挂"环境卫生星级户"等标识牌，环境卫生得到了有效改善，真正用"小积分"解决了"大问题"。

用服务传温度，搭建新时代文明实践新高地。双山村成立"助老""美德宣讲""五老话心"等多支志愿服务队伍，依托入驻"上善莱西 志愿之城"平台的"金融服务""点点"等服务团队，线上线下结合，精准对接群众需求，通过志愿服务活动解决群众困难和问题，不断提高新时代文明实践活动的温度、热度、力度，努力把文明实践活动做到群众心坎上。其中，"五老话心"志愿服务队由村中老党员、老干部、老教师、老军人、德高望重的老人组成，通过学习村规民约、交流谈心、重温家训等方式解决群众纠纷，化解村民矛盾。

（莱西市夏格庄镇双山村）

▲莱西市夏格庄镇双山村村民在志愿者引导下学习村规民约

念好美德"6"字经

淄博市张店区马尚街道林家村紧紧围绕提思想、促团结、化纠纷三个方向，以村委带头、志愿引领、全民参与的方式，探索推出"666"美德健康新生活倡树模式，全力建设利民惠民便民举措。

"6"项美德暖民心。林家村的第一个"6"，即"讲、评、帮、惠、享、兑"。**通过"讲"字**，挑选不同年龄段的美德典型，建立美德宣讲团，运用"线上+线下"宣讲模式，广泛开展入楼、入户、进校园、上抖音信用宣讲活动，扩大志愿服务"朋友圈"。**通过"评"字**，立足中华民族家庭美德，开展"好媳妇好婆婆""美在家庭""最美楼宇"等评选活动，树典型、立榜样，倡导村民努力做到"五美"标准。**通过"帮"字**，统筹人才，细化领域，建立"红、黄、白、绿、紫"五支志愿服务团队，及时解决村民应急救助、养老陪伴、健康检查、卫生环保等现实需求，累计获益3000余人次。**通过"惠"字**，定期举行读书会、传统文化学习会，建立"手机停机坪"，使群众回归纸质读书环境，常态化开展文化文艺展演、传统文化体验活动，提升文化惠民品质。**通过"享"字**，营造和谐友爱共享的互助氛围，建设"爱心传递小站""无人值守共享摊位""鲜花

▲ 林家村爱心传递小站

共享区"等美德共享区域5处，形成邻里互助共享服务新局面。通过"兑"字，依托信用建设基础，打造美德微超积分管理模式，定期开展诚信商店兑换活动，全年超200人参与兑换，进一步推动群众践行美德健康新生活的积极性。

"6"的日子聚民心。林家村的第二个"6"，是指每月6号、16号、26号在美德广场开展志愿服务大集，切实解决群众各类疑难问题。截至目前，联合当地医护人员、律师、社工、学生等力量，开展义诊、急救技能培训、法律咨询、热点政策解读、环境卫生维护等志愿服务300余次，推动志愿服务常态长效。

"6"位管家促民生。第三个"6"便是林家村美德微超的6位热心村民"大管家"，他们主要围绕民众接送孩子、收发快递等日常琐事开展志愿服务，服务内容紧密结合村民需求，年累计解决村民问题3000余次，满意率达92%，让林家村的居民在家门附近就能解决生活中经常遇到的小难题、烦心事。

（淄博市张店区马尚街道林家村）

▲马尚街道林家村庆"八一"文艺汇演

点亮美德健康新生活

莱州市沙河镇路旺原家村把倡树美德健康新生活与乡村振兴紧密结合，完善互助式村级志愿服务队伍，打造"时间银行"邻里互助项目，有效推动了村庄精神文明建设，乡村治理焕发出勃勃生机。

邻里互助贴心暖心，当好"服务员"。创建探访问安、应急帮扶、空巢陪伴、家庭代餐点等多种模式的"互助养老院"，志愿者与村内空巢老人自主结成20个邻里互助圈，实现了"一老多人帮，一呼随时助"，有效解决了老人孤独寂寞、行动不便等问题，实现关爱服务全覆盖。

深入千家走进万户，当好"联络员"。志愿者们定期入户，收集村民提出的具有可行性的意见建议，宣传党的方针政策，采取"说法、调解、理气、顺心"四步邻里工作方法，随时化解邻里"疙瘩事"与家庭"小纠纷"，积极维护社会的和谐稳定。

▲路旺原家村志愿者开展义剪志愿服务活动

宣讲培训增智增技，当好"辅导员"。每年面向志愿者和村民开展互联网技术、家风家教、健康养生、护理照料等培训课程，不仅提升了村民的文明素养，志愿者的互联网思维和技能也得到了大幅提升，志愿者使用智能手机操作平台业务的比例从30%上升到80%。

脚踏实地务实创新，当好"实干家"。打造春天植树、夏天防火、秋天收麦、冬天清雪"四季有爱"项目，助力村庄日常治理。开发线上经营平台，助力"新经济"，生态种植、养殖、绿色健康食品开发、工艺制品加工生产等经营项目免费进入"志愿者产业"平台，实现了各地产品和服务交流互通，激发经济活力。

目前，路旺原家村发展志愿者356名，扶助对象52名，帮扶重病、孤寡老人和困难职工2200余人，服务群众达1.5万人次。近年来，路旺原家村被列为"山东省家庭文化实践创新基地"，邻里互助志愿服务项目被评为全省学雷锋志愿服务"四个100"先进典型，先进经验被国家老龄委作为邻里互助的优秀案例向全国推广。

（莱州市沙河镇路旺原家村）

▲ 路旺原家村开展美德健康养生培训

弘扬美德力量　建设和美乡村

寿光市孙家集街道东马疃村以打造"和美马疃"为目标，创新实施以亲人和善家庭美、邻里和睦楼宇美、环境和祥小区美、服务和谐村风美为主体的"四和四美"创建行动，推动新时代美德健康新生活融入千家万户。

涵养家风家教，推动亲人和善家庭美。制定"孝敬长辈、赡养老人好，团结友爱、邻里关系好"等"六好"标准，采取"楼道推荐、集体投票、公开评议"办法，评选"和美家庭""好媳妇""好婆婆"30余个、"最美庭院"16户。成立"美德健康家长学校"，每月以"视频教学＋老师点评"模式开课，促进家风民风向上向善。设立"红灰黑"榜，先进典型上"红榜"，违规失德上"灰榜"，违法败德上"黑榜"，强化正面激励、负面约束。

深化自治自理，推动邻里和睦楼宇美。入住时10户组团自选楼道，每个楼道设立1处文明实践家庭站，站长担任"楼道长"，主理楼道卫生、上传下达、纠纷调解等"自治"事务。制定"八讲八不"公约，以楼道为单位，组织住户签字承诺，并在楼道公示，使和美创建变成集体荣誉。开展"和美楼道"评选活动，违法犯罪等列入"一票否决"事项，完善"现场比拼、一季一评、年终定档、挂牌表扬"的评选机制，以"小家力量"带动"大家行动"。

坚持以文化人，推动环境和祥小区美。建设和美广场、文明礼堂、学习书屋，提升小区文化底蕴。为文艺宣传队、舞蹈队配备音响

▲东马疃村和美广场

服装，鼓励自编自排自演。建设"四点半学校"，组织志愿者教授画画、舞蹈、书法等艺术课程，周末讲村史、红色故事，让孩子从小接受教育熏陶。成立红白理事会，修订村规民约，将福利发放与移风易俗等挂钩，推动"喜事新办、丧事简办"。

创新志愿服务，推动服务和谐村风美。组建红色先锋、雷锋车队、便民治安、纠纷调解等6支志愿队，将志愿者信息张贴到楼道中，方便村民随时"呼叫"。建成"幸福食堂"，每天

▲东马疃村居民在小区里休闲健身

午、晚为80余名老人提供1元餐，每季度举办"敬老饺子宴"，让老人感受尊重、体验温情。设立"百姓说事点"、楼道"幸福信箱"，志愿者与楼道长共同负责收集诉求、解决问题，推动形成和美村风。

（寿光市孙家集街道东马疃村）

儒韵乡风　幸福鲁源

　　曲阜市鲁源新村立足孔子诞生地的金字招牌和尼山圣境景区带动优势，以文化"两创"为抓手，以倡树新时代美德健康新生活为重点，聚焦"五为"志愿服务活动，推动美德健康新生活进一步融入日常、化作经常。

　　聚焦提档升级，打造美德健康示范阵地。整合鲁源村史馆、民俗非遗展示馆、理论学习大讲堂、文化娱乐活动室、幸福食堂等阵地，聚焦"爱、诚、孝、仁"四德元素，高标准建设鲁源新村新时代文明实践站。聚焦示范引领，高质量建成村级"好人广场"，充分发挥先进典型示范作用。围绕"中华文化体验、诗书礼乐传家、美德健康新生活"三大特色，以总书记关于优秀传统文化的重要论述、传统文化名言名句、印信文化等为核心表现元素，打造集鲁源书房、礼乐雅集、文明礼堂、汉风艺术等为一体的"流淌的经典"儒学美德示范街区。

▲ 村民在鲁源书房参与"悦享会"美德读书打卡活动

　　聚焦壮大力量，组建美德健康实践队伍。充分发挥党员干部、乡土文化人才、产业带头人、"五老"人员、典型模范等积极作用，组建36人的美德健康新生活宣讲队伍，利用村网格化平台，围绕

《如此生活》读本和《美在曲阜 德耀圣城》绘本，常态化开展、倡树美德健康生活方式专题宣讲活动，推进美德健康生活理念进家入户。组建政策宣讲、文明新风、环境卫生等6支群众身边的志愿服务队伍，聚焦群众需求，围绕"为老、为小、为困难群体、为需要心理疏导和情感慰藉群体、为社会公共需要"等"五为"服务，培育形成鲁源新村新时代文明实践"一家亲"志愿服务品牌。

聚焦精准服务，广泛开展美德特色活动。实施"信用+志愿服务"模式，培育"鲁源有礼""守望诚信""广场有约"等10个志愿服务项目。深化婚礼、寿礼、节礼等新礼仪改革，探索建设"文明礼堂"，常态化举办"新中式婚礼"，持续深化移风易俗。实施"圣地好家风"行动，整理收集村民家风家训，并集中邀请书法家题写裱挂，实现"家家有家训、户户好家风"，以优良家风涵育文明乡风、淳朴民风。围绕党的二十大精神宣讲、倡树美德健康新生活、理论政策宣讲、文化体验、典型评选、"五为"志愿服务等，累计开展各类文明实践活动1200余场次，群众的文明程度和文化素养得到显著提升。

（曲阜市尼山镇鲁源新村）

▲第八届尼山世界文明论坛召开期间，鲁源新村向世界展示美德健康新生活新风貌

注重家风家训传承
倡树美德健康生活

　　泰安市岱岳区天平街道板大山村坚持以"建设新时代美德岱岳、倡树新时代美德健康新生活"为目标要求，不断强化党建引领，持续巩固文明实践阵地建设，创新打造志愿服务品牌，群众精神面貌不断提升，实现了小阵地大引领、小家风大效应。

　　加强家风建设，打造精神文化品牌。投资200万元打造新时代文明实践文化礼堂、岱岳区家风家教实践基地，积极开展文明家庭创建活动，引导广大村民自觉立家风、树家规、传家训。以"家风家训文化长廊"为教育载体，深化文明家庭创建工作，全村六大姓氏48户家门口悬挂警示牌，以此传承家风家训，传播崇德向善、和谐和睦、尊老爱幼的正能量，让优良的家风家教"正能量"走进千家万户。

▲ 板大山村新时代文明实践站开展"'爱'从'头'开始"理发志愿服务活动，每月为老人义务理发

　　开展志愿服务，丰富精神文化生活。持续深化新时代文明实践，定期组织开展政策宣讲、文明劝导、环境整治等志愿服务活动，打造了"'爱'从'头'开始""爱心蔬菜免费送""剪纸培训"等特色志愿服务项目。目前，

共有志愿服务队6支，开展志愿服务活动80余次。同时，积极对接专业团队，整合资源优势，打造板大山村"窝窝度假村"，开展"研学项目+实景体验+亲子实践+主题宣讲+指导服务"系列活动，以好民风带动好乡风。

深化移风易俗，培树精神文明风尚。 坚持把倡树美德健康新生活与倡导开展"反对浪费、文明办事"移风易俗行动深度融合，从婚丧事抓起，倡导婚、丧、寿、节等新礼仪，签订丧事简办承诺书，提倡当日入葬，严格控制丧事规模，宴席操办标准每桌不超过300元，并将细化标准融入村规民约，不断养成美德健康生活方式，营造乡风文明新风尚。

（泰安市岱岳区天平街道板大山村）

▲板大山村新时代文明实践站开展"我们的节日"文明实践活动

倡树美德信用　共建和美乡村

荣成市王连街道东岛刘家村坚持以德促信、以信立德，大力倡树美德健康新生活，实现美德与信用建设相互融通、相互促进，汇聚美德东岛、信用东岛建设的强大合力。

美德信用+志愿，铸"美德"之魂。东岛刘家村组建了红先锋、好家园、巧工匠、金手指、橄榄情、文曲星、跑个腿等14支志愿服务队，常态化开展志愿服务。每年设立50余万元美德信用基金，志愿者可凭美德信用积分享受激励产品和优质服务，每月通过村内电子屏、公开栏公示村民志愿服务开展情况，作为美德信用奖励及农机服务、有线电视免费使用等依据。目前，东岛刘家村70%以上的群众都是志愿者，主要开展村里环境卫生维护、孤寡老人照料、村民农机具维修等志愿服务。其中，由25人组成的美厨娘志愿服务队，分成11组，轮流到暖心食堂为老人提供助餐配餐志愿服务，让老人们感受到温馨与温暖。

▲东岛刘家村巧工匠志愿服务队开展上山植树活动

▲ 东岛刘家村美丽东岛志愿服务团合影

美德信用+阵地，绽"文明"之花。 东岛刘家村利用村委大院、暖心大院等场所，整合资源打造新时代美德街区、新时代美德长廊、净衣社、利民社、爱心农场等10余处美德实践阵地，真正实现"群众在哪里，美德信用就延伸到哪里"。邀请国家级美协会员，在村内开展"美德美绘"行动，把原先单调的空白墙壁，打造成图文并茂的美德宣传阵地，让群众在潜移默化中涵养心灵、践行美德。打造志愿服务创业基地，建有便民面磨坊、地瓜干生产线、豆腐加工厂等，用活美德信用激励机制，引导志愿者包干认领，负责日常运营管护，推动村集体每年增收10余万元。

美德信用+奖励，植"信用"之根。 建立美德信用议事会制度，细化11大类、35条考核细则，量化200余项信息采集事项，明确村民参加志愿服务、移风易俗等践行美德健康新生活的奖励分值，做到给村干部、群众一把标尺，让群众知道怎么做，让干部知道怎样量，让美德信用更加清晰化、具体化。目前，全村美德信用等级达到1005分以上的869人已奖励大米、鱼等物品，1010分以上的151人获得美德信用奖励300元、500元不等，营造出"德者有得、好人好报"的浓厚氛围。

（荣成市王连街道东岛刘家村）

美德健康新生活　铺染乡村最美底色

　　乳山市白沙滩镇徐家塸村持续创新载体、活化形式，让践行美德健康新生活逐渐成为一种新时尚，让美德健康新生活铺染乡村最美底色。

　　信用＋服务，构建服务群众新常态。 按照"党员主导强阵地、志愿服务当先锋"的思路，建立"党员联四邻"工作机制，成立党员志愿服务队，将在村常住的25名共产党员之家设立为新时代文明实践家庭站，由党员志愿者分头联系135户常住村民，群众有事直接找党员志愿者，实现了一人带一家、一家带联户、联户带全村的良好局面。深化"信用＋"体系建设，利用农村信用超市、"老来乐"暖心家园两个主要美德信用应用场景，定期举办美德信用表彰大会，截至目前，全村174户群众已有172户上台领奖，信用激励接近100%。推出

▼"我们的节日"主题墙绘

"美德信用＋合作社股份"制度，美德信用积分较高的村民，可土地入股支部领办的合作社，推动美德信用与合作社一体推进，真正让美德信用成为村级治理的有力抓手。

乡风＋乡颜，打造乡村文明新风尚。坚持以文化人，购置锣鼓、音响等文化演出设备，组建威风锣鼓队、胶东大秧歌队两支队伍，常态化开展文化文艺排演。坚持留住乡土本色，绘制以"我们的节日"为主题的墙绘，向村民征集废弃水缸60余个，绘制"水缸画"，在水缸内种植花草，将标语口号涂鸦在水缸上，让倡树美德健康新生活更加生动接地气。

线上＋线下，助力农村产业大发展。实行"村企学"数字联建共建，与山东外事职业大学合作成立直播电商实训基地。组成30人的村花直播团队，统一实操培训，深入全市企

▲村党支部书记、村委会主任陶新霞围绕电商基础知识进行培训授课

业农村做驻厂直播，赤家口粉条、乳山大喜饼等非遗产品销售阵地转移到网上、云端，以电商赋能非遗传承发展。打出"文化＋电商"组合拳，打造"母爱徐家塂""陶米谷娘""乳山老陶"三个传统文化线上品牌，组建"姐妹花村村连"电商助农联盟，组织妇女走进直播间，讲述乡村好故事，传播乡村好声音，让倡树美德健康新生活为乡村振兴攒劲助力。

（乳山市白沙滩镇徐家塂村）

倡树美德健康新生活
让乡村文明"满格"

五莲县于里镇小窑村坚持以社会主义核心价值观为引领、以中华优秀传统文化为根基、以日常行为习惯养成为落脚点，把深化新时代文明实践、倡树美德健康新生活作为民心工程，让美德健康新生活倡树工作"走心"更"贴心"。

打造美德阵地，延伸美德健康新触角。深入挖掘小窑村进士文化、耕读文化、红色文化等资源，打造五莲一中校史馆、莒北革命史国防教育基地、农民书法家工作室、窑文化展馆、村史馆、耕读书院等美德阵地，全力构建"15分钟志愿服务圈"，推动阵地连点成线、连线成面，最终实现全覆盖。

丰富活动形式，引领美德健康新风尚。结合小窑村公益性岗位，不断壮大志愿服务力量，举办"红色主题教育""公益书法培

▼五莲县于里镇小窑村耕读书院

训""公益陶艺夜校培训""听党话、跟党走、红歌大家唱""五莲县茂腔文艺表演""赏花季研学活动"等志愿活动50余场，其中，赏花季研学活动累计吸引线上线下游客15万人，让市民游客充分感受家风文脉、乡愁记忆，多角度、多形式、多渠道倡树美德健康新生活。

选树培育典型，凝聚美德健康正能量。充分发挥基层道德评议会、红白理事会、村民议事会的组织作用，把倡树美德健康新生活纳入村规民约。持续深化文明村、文明户创建，深入开展"美德信用典型""实诚五莲人""美丽家庭""好婆婆好媳妇"等系列选树活动，让评选出的典型以群众喜闻乐见的形式、通俗易懂的语言深入各自领域进行宣讲，让美德健康生活方式逐渐扎根、繁茂成长。

深化共建共治，倡树美德健康新生活。将倡树新时代美德健康新生活与深化拓展新时代文明实践有机融合，打造"积分兑换超市"，推行志愿服务积分制、星级评定制，把志愿服务与"芝麻

▲五莲县于里镇小窑村志愿者义务教授书法

花"信用分挂钩，将志愿服务纳入社会信用体系，设立公共信用信息中心。以美、善、孝、信、学"五积"行动，多角度倡树新时代美德健康新生活，以乡风文明提高带动群众干事创业热情，让基层治理焕发新活力，让社会文明呈现新面貌。

（五莲县于里镇小窑村）

邻里有约　志愿同行

　　沂水县道托镇韩家曲村牢牢抓住"邻里一家亲"这一宗旨，倾情打造美德健康新生活示范站，以特色鲜明、常态长效的志愿服务活动生动诠释了新时代"幸福邻里情"。

　　抓住"特色品牌"这一关键，构建全民参与、爱心满满的"邻里驿家"。按照"7+N"志愿服务需求，建设高标准的美德健康广场、老少同乐的"邻里驿家"。其中，亲子绘本馆建有"儿童绘本树"，陈列绘本2000余册，以"伴你童行　快乐悦读"为主题，设计"儿童故事王""周末故事会""南瓜小剧场"等项目，助力乡村全民阅读、亲子共读；金翅膀尚舞馆活跃着老中青乡村文化爱好者60余人，积极举办旗袍秀、京剧展演、剪纸课堂、广场舞嘉年华等活动引领美德健康新风尚。

▲韩家曲村开展"庆元宵　话习俗　猜灯谜"文明实践活动

▲ 韩家曲村开展"为爱定格"金婚纪念照拍摄志愿服务活动

　　突出"亲亲睦邻"这一核心，设置常态长效、参与度高的特色活动。制定包含26项服务及活动的邻里互助"幸福菜单"，开展理论宣传宣讲、文化惠民、文明劝导、孝善敬老、移风易俗等五类志愿服务，实现"每月一主题、每周有活动"。以"引人关注、让人喜欢、令人难忘"为原则，结合"我们的节日"系列主题，广泛开展幸福邻里节、乡村集体婚礼、金婚老人婚纱摄影、传承国粹学剪纸、志愿同行度佳节等"亲亲睦邻"活动，构建起更具幸福感的和美村庄。

　　牢记"让爱循环"这一宗旨，大力构建"今天你帮我、明天我帮你"的邻里爱心循环体系。成立爱心储蓄中心，党员志愿者有红色账户，群众志愿者有爱心存折，均由储蓄中心集中管理，工作人员根据积分管理规则，每周一登记，每月一公示。协调5家爱心企业赞助成立爱心超市，提供爱心商品100余种，志愿者可凭积分兑换商品，也可点单回馈志愿服务，从而形成"今天你帮我、明天我帮你"的爱心志愿循环体系。

（沂水县道托镇韩家曲村）

"美德信用"大引擎
激发向善"新动能"

　　成武县九女集镇鹿楼村以"美德信用"为抓手，建机制、搭平台、拓途径，探索构建多方参与、共建共享的倡树美德健康新生活创新模式，营造崇德向善的良好风尚。

　　完善积分体系，体制机制健全到位。体制机制标准化。制定《鹿楼村美德信用积分制管理办法》，将自律助人、孝老爱亲、诚信利他、节俭绿色、共建共享五方面生活方式进行积分量化。活动开展常态化。依托新时代文明实践阵地，积极吸纳党员、先进典型、"明理热心人"、学生等人才，持续完善志愿服务队伍，精准对接群众需求，按照"月月有主题、周周有活动、全年常态化"的原则，积极开展"倡树文明新风　争做时代楷模"等系列活动。

　　拓展美德平台，服务群众精准到位。打造特色阵地。在村内主街道打造美德健康特色街、美德积分超市、德尚公园等，在村民家中、村头加工车间打造"美德模范事迹"宣传站点，开展"美德模范微宣讲"20余场。拓展服务平台。积极响应"美德诚信爱心商家募集令"，发展村内3家超市成为爱心商家，建设积分超市1处，为"美德诚信模范"

▲ 鹿楼村新时代文明实践积分超市

▲ 文艺志愿者在鹿楼村新时代文明实践家庭站开展群众性小戏小剧排练活动

提供购物优惠、积分兑换等，形成为老百姓提供便利、给爱心商家带来人气的双赢局面。截至目前，已有500余人次享受到"美德诚信模范"礼遇，在积分超市兑换物品价值超2万元。

探索美德转化，基层治理推动到位。加大典型选树力度。以每月开展两次的"村事民当家"文明实践活动为契机，广泛评选"美德诚信模范"。截至目前，评选出各类"美德诚信模范"380人。用好用活"美德诚信贷"。通过美德积分转化，让无形的美德信用价值转化为有形的信贷资金。2023年以来，鹿楼村村民被银行授信60余万元"美德信用贷"额度，全村形成了比美德信用积分、做美德诚信模范、倡美德健康新生活的良好氛围。助力推动基层治理。通过"村事民当家"文明实践活动收集解决村民意见建议21条、解决矛盾纠纷8起，开展理论宣讲、文化文艺展演、社科普及等各类志愿服务活动200余场次，群众满意度持续提升，构建了乡村共建共治共享新格局。

（成武县九女集镇鹿楼村）

在社区，各地积极推动倡树美德健康新生活与深化文明城市创建相融相促，同社区文化、基层治理、志愿服务、美德信用等紧密结合，从小区、楼栋、单元抓起，广泛开展契合居民需求的多类型、多领域文明实践活动，动员居民走出小家、融入大家，积极参与文明创建、社会公益、群体活动，推动美德健康新生活理念融入日常、深入群众。

社区篇

SHE QU PIAN

倡树美德健康新生活
用文明实践为居民幸福"加码"

青岛市李沧区世园街道上流佳苑社区新时代文明实践幸福街综合体秉持"幸福就在你楼下"的理念，从"美德健康+志愿服务""美德健康+幸福宣讲""美德健康+幸福积分"三方面着手，加快推动美德健康新生活在幸福街落地生根、开花结果。

"美德健康+志愿服务"开启幸福生活。聚焦居民日常生活中的难事、杂事、小事，提供5大类40小项志愿服务项目，月平均接单量近2000件，实现了最大程度的便民利民。注重关爱"一老一小"，为"老"配备了社区卫生服务站和居家养老活动中心，旨在实现康复康养、智慧助老、文化生活等全方位一体的服务目标；为"小"配备

▲ 世园街道上流佳苑社区"童心向党　强国有我"彩绘活动

了幼儿托管中心，解决婴幼儿照护培训、早期托育等需求，为社区儿童营造安全、舒心的托管环境，解决双职工家庭的后顾之忧。

"美德健康＋幸福宣讲"弘扬文明新风。 在喫茶馆，"幸福宣讲师"常态化开展政策咨询、法律服务、阅读分享、理论宣讲志愿服务，让党的创新理论深入人心，引导居民讲好自己的故事。自编自演《上流佳苑民生赞》等文艺作品，以小见大，唱响新时代的幸福生活。定期邀请青岛曲艺社艺术家到茶馆说相声、讲评书、打快板、演吕剧，让居民在茶香氤氲中感受文化自信。

"美德健康＋幸福积分"提升文明素质。 以幸福积分为载体，建立并实现幸福积分兑换消费的闭环管理，将志愿服务、文体服务、公益活动等35项文明实践内容纳入积分范畴，1个积分兑现1元幸福卡金，居民可在整条幸福街14个商铺消费使用，实现了积

▲世园街道上流佳苑社区在茶馆举办"我们的节日·七夕"插花主题活动

分项目更清晰、积分内容更丰富、积分使用更便捷。通过每月公示积分、定期表扬志愿者，充分发挥积分量化正向激励作用，形成良性循环效应，激励引导居民主动参与志愿服务、文明创建等工作，营造了文明向上的社会氛围。

（青岛市李沧区世园街道上流佳苑社区）

解锁"传统文化"密码
让美德健康新风融入现代生活

　　淄博市临淄区齐都镇正齐社区将倡树美德健康新生活同文明实践、文明创建、文明培育紧密结合，充分发挥齐国故都文化资源优势，解锁传统文化密码，为美德健康新生活塑形铸魂，推动美德健康新生活走进千家万户。

　　解锁"传统文化"密码，打造"文化＋阵地"的多元空间。聚焦群众文化需求，以齐文化为切入点，以"守护传统　共享和美"为主题，投资300余万元高标准打造正齐社区新时代文明实践站、齐文化生活体验馆、正齐社区社工站等传承创新传统文化的美德健康特色阵地，将传统文化通过主题体验的形式融入群众日常生活工作学习中。充分利用社区公共空间，设置文化步行街道、传统文化景观小品，在广场打造美德健康生活方式展示区，以最贴近居民生活的方式将美德健康新风尚呈现在群众"眼前"。

▲ 正齐社区组织"巧手画扇面　七彩绘童年"活动，让孩子们在活动中体会中国传统文化

解锁"传统文化"密码，释放"文化+服务"的治理效能。 立足城乡区域统筹、党群上下联动、群众保障服务，整合社区、社会组织、齐文化专家、传统文化志愿者、物业公司、社区居民等力量，建立社区党员暖心、齐文化宣讲、美德健康生活等5支志愿服务队伍，开展我们的节日、欢乐五聚、齐文化创新体验、美学教育、美德实践、"五为"志愿服务等文明实践活动80余场，促进文化服务与居民自治有机融合，增强社区凝聚力。

解锁"传统文化"密码，培育"文化+品牌"的特色优势。 引进6家专业社会组织，采取合作办学模式，以"齐文化传承与创新"为特色，开设"齐服汉礼、诗书传家""齐悦茶香、共享和美""齐《韶》善美、琴筝和鸣"

▲ 正齐社区组织"韵味女神节 传承茶文化"主题活动，感受传统茶文化的魅力

等特色传统文化品牌，将齐文化知识、美学教育、中医养生、茶文化研习、心理健康疏导融入居民生活，探索美德健康文化品牌建设和发展新路径。每个项目品牌由专业的传统文化志愿者领办，设立固定活动日，每月至少开展三次，居民根据自己的兴趣爱好参加活动。截至目前，累计开展传统文化体验活动300余场次，受益群众达1500余人，以美德健康特色项目的独特魅力，极大增强了群众对美德健康新风尚的"精神共鸣"。

（淄博市临淄区齐都镇正齐社区）

开启"信用+志愿服务"模式
倡树美德健康新生活

烟台市芝罘区凤凰台街道中台社区积极将文明实践、志愿服务与倡树美德健康新生活深度融合，创新构建"信用+志愿服务"工作模式，广泛发动和引导社区企业、商户、志愿者等社会各层面力量积极参与志愿服务工作，形成了以社区新时代文明实践站为核心、多方互助联动的志愿服务新格局，呈现出居民好管理、商户乐服务、企业能共赢、全民齐参与的美德健康新生活倡树模式。

做实信用积分兑换，让好人有好报。搭建"线上"智慧志愿平台，完善"E商联盟系统+志愿者管理系统+时间银行系统"，发动更多志愿者在管理系统注册登记，建立诚信积分档案。志愿者通过积极参与志愿服务来获得积分，再到社区爱心超市和社区文明守信商户兑换相应商品与优惠服务。积分的获得与兑换都会在社区志愿者管理系统中记录，让好人得到实惠，让榜样带动群众，促进社区志愿服务工作良性循环发展。

▲凤凰台街道中台社区联合越秀幼儿园在社区广场举办"春风十里 '植'因有你"环保爱心集市活动

拓展诚信商户平台，让文明得实惠。建立商居联盟服务中心，引入企业家服务中心与社区商户签约合作，为签约商户提供线上展示专属页面，并提供超过20个免费空间场所、10余个社会化服务平台，多层次助力社区商户发展。"线上"，组织文明守信商户进入"E商联盟"，商家推出"星级志愿者优待券"等优惠活动；"线下"，发动振华量贩超市、太阳部落健身俱乐部等18家商户设立爱心角，面向社区志愿者推出折扣商品，同时有助于提高商户客流量和曝光率，实现商居双赢。

丰富企业民需服务，让善举赢口碑。建立星级评定机制，连续8年开展"一网情深"民需项目签约座谈会，将辖区企业汇聚到一起，明确双向服务清单，签订民需项目合同书，年底通过百姓评议，评选诚信服务单位、五星级服务单位、文明守信商户，激励引导更多的商企诚信经营，为社区大力倡树美德健康新生活奉献力量。截至目前，先后有100余家单位参与社区民需服务，解决了居民身边急难愁盼问题400余件，形成了人人践行美德、美德转化信用、信用促进发展的良性循环。

（烟台市芝罘区凤凰台街道中台社区）

▲凤凰台街道中台社区组织召开社区商居联盟服务中心启动仪式暨"一网情深"民需项目签约会

美德服务　搭起邻里幸福桥

济宁市任城区越河街道竹竿巷社区以社会主义核心价值观为引领，扎根文化"两创"沃土，筑牢重信守诺根基，构筑美德文明高地，推动美德健康生活方式转化为人们的精神追求、日常生活和行为习惯。

挖掘传统文化，厚植美德新生活。依托辖区文化资源，推动美德健康新生活建设与文化两创"示范点"相结合，与文明城市创建相融合，在太白小区35号楼打造"孝老爱亲"楼栋，通过安装孝老故事公益广告，在潜移默化中影响人们的行为习惯。充分发挥阵地作用，建设了红石榴民族文化广场、运河记忆历史文化街区，定期开展民族美食大比拼、文化惠民演出等活动，让居民在家门口就能享受"文化盛宴"。

▲竹竿巷社区开展"观红色电影　访优秀党员"志愿服务活动

典型示范引领，营造美德新氛围。弘扬雷锋精神，汲取榜样力量，每年3月开展"好媳妇好婆婆""五星志愿者""信用之星"表彰活动，每年表彰各类典型200余人，让居民参与志愿服务从

▲竹竿巷社区开展"关爱少年儿童 关注健康成长"助学活动

"被动"转变为"主动"。同时，通过开展"美德+积分兑换""美德+环境卫生巡查""美德+非遗小课堂""美德+公益集市"等志愿服务活动，不断营造浓厚倡树氛围。目前，已开展各类志愿服务活动500余次、宣传演出410余场次，受益群众达3万余人次。

"美德+服务"，搭起邻里幸福桥。注重关爱"一老一小"，为"老"创新开展"幸福洗衣房"项目，为社区孤、老、弱、病、残老年人开展免费洗衣活动。该项目被评为2022年度山东省学雷锋志愿服务"四个100"最佳志愿服务项目。围绕为"小"服务，辖区学校广泛开展开学第一课、童心向党、科学小实验、趣味运动会等活动。创新工作形式，在居民小区全面推进"民情有约·小张说事"，通过"唠家常"的形式、与居民"面对面"沟通交流，真正了解、解决居民的烦心事、揪心事。

（济宁市任城区越河街道竹竿巷社区）

"1234"工作法　打造"岩而有信"幸福社区

泰安市岱岳区天平街道岩庄社区围绕"倡树美德健康新生活方式　共建幸福社区温馨家园"1个目标，探索"美德+信用"实践模式，抓好"积分管理、奖惩激励"2个关键，实施"社区、居民、商户"3方参与共建共治共享，抓实"建章立制、宣传发动、采集认定、结果应用"4个环节，通过小服务实现大治理，擦亮"岩而有信"金字招牌。

▲天平街道岩庄社区"最美楼道"共享书架

建章立制，信用指标"亮出来"。采取"书记总抓、班子共建、融合推进"的方式，将美德和信用同谋划、同建设。以"为民协商"为抓手，制定居民公约，将社区物业和居民反映最强烈的社区治理现实问题、新时代文明实践活动纳入美德信用评价指标，形成26项加分、26项减分指标，设定六个美德信用星级。

宣传发动，居民群众"动起来"。依托新时代文明实践广场、家庭站、美德诚信长廊、最美楼道，展示时代楷模人物、社区美德诚信典型，营造浓厚氛围。成立"红先锋""巧工匠""巧嫂子""红领巾"4支特色志愿服务队，推出"'铃'听心声"志愿服务品牌，开展邻里节等各类活动300余次。

▲ 天平街道岩庄社区开展"我的社区我的家——邻里味、美食节"主题活动，邀居民共享邻里情

规范流程，积分认定"严起来"。以"网格长+协管员+楼长+志愿者"组建信息采集队，以"优秀党员+退休干部+居民代表"组建美德信用议事会，通过信息员采集、议事会认定、社区公示存档、上报区级平台四个步骤，每季度召开美德信用积分兑换大会，最大限度调度居民参与积极性，提升工作规范化水平。目前，社区共有780名居民获得美德信用积分，三星级以上居民420人。

奖惩激励，结果应用"实起来"。区级出台"信易+"90余项惠民应用场景，诚信个人享受免费旅游、体检等，在发展党员、参军入伍等方面享有优先权；社区联合周边15家商铺成立"美德诚信联盟"，建设信用超市、暖心食堂、爱心发屋等，居民可用积分抵现金消费。对失信居民，则通过政策待遇、信誉名誉、社区福利"三个减"，限制其享受相关服务。

（泰安市岱岳区天平街道岩庄社区）

倡树美德健康新生活
绘就文明"桐心缘"

泰安市宁阳县文庙街道梧桐里社区依托新时代文明实践阵地，开展丰富多彩的美德健康主题志愿服务活动，引导广大群众树立正确观念，带动广大群众做美德健康新生活的倡导者、推动者和践行者，让新时代美德健康新生活倡树工作真正走深走实。

开展主题宣讲，弘扬文明新风。面向社区妇女开创"她说"梧桐语宣讲品牌，针对未成年人及辖区老人开设"暖心爷爷小课堂""银发学堂"，开展多种形式的主题宣讲活动，让各年龄段群众在学习知识的同时，积极践行新时代美德健康新生活。同时配合做好"文艺志愿轻骑兵"送文艺活动，编排以学习宣传贯彻党的二十大精神、社会主义核心价值观、美德健康新生活为主要内容的舞蹈，发挥文艺作品文化润心的积极作用。

▲ 梧桐里社区举办"约绘风筝　悦享童年"主题绘画实践活动

▲ 梧桐里社区举办"大手牵小手，你我共成长"欢乐暑期亲子活动

培育特色品牌，增强倡树活力。围绕新时代文明实践志愿服务规范化、专业化、品牌化、制度化的目标，持续深化新时代文明实践和群众性精神文明创建活动，创建"桐心缘"志愿服务母品牌，集聚党员、热心群众及驻地单位、企业力量，与爱宁阳社工组织共同打造"桐心童乐""桐心助老""桐心帮办""桐心乐舞"等志愿服务子品牌，积极开展"童心向党""传承文明好家风""我们的节日"等文明实践活动40余场次，为社区注入更多活力和温情。

选树先进典型，提升文明素质。梧桐里社区坚持以群众需求为导向，整合各类资源，推动美德典型人物评选工作制度化、常态化发展，持续深化"桐心缘"文明实践和社会主义核心价值观宣传教育活动，广泛开展道德模范、"最美"系列人物、身边好人等各类先进典型选树活动，每年秋季筹办社区节现场表彰典型人物，增强群众的荣誉感、获得感。

（宁阳县文庙街道梧桐里社区）

"心系百姓事　情暖聚民心"
打造"三心"温馨家园

　　聊城市阳谷县侨润街道北街小区以社会主义核心价值观为根本，汇聚新时代文明实践阵地合力，持续拓展美德健康新生活倡树载体，打造"心系百姓事　情暖聚民心"服务品牌，建树"三心"温馨家园。

　　特色项目"关心"。打造"银龄伙伴"志愿服务项目，组织义诊团队为辖区内100多名老年群众、弱势群体免费送健康，将"助人自助　乐人乐己"的文明新风配送到家。面对辖区行动不便的老年人，北街小区美德健康志愿服务队坚持对老人们开展"天天敲门、日日问安"服务，志愿者们与老人交流谈心，为老人做饭、打扫房间，陪老人做一些简单的健身运动，将难以计数的家常"小事"，做成温暖独居老人生活的"大事"，敲开百姓家门，叩开老人心门。

　　多彩活动"暖心"。依托北街小区新时代文明实践站和辖区门市、城市书房等阵地，打造一站式志愿服务平台。依托服务平台定期开展美德健康新生活主题讲座、优秀传统文化读书会等文明实践活动。设立"四点半学校"，为孩子正常放学后按时接送有困难的家庭提供服务，为孩子构筑起课后暖心课堂，得到了居民的广泛认可和好

▲北街小区举办亲子读书会，助力全民阅读

评。以重要节日为契机，举办"三八妇女节""六一儿童节"等大型文艺汇演。开展心理咨询和疏导活动，组织开展"厨艺比拼""艺起来宣讲""四德之星评选"等特色活动，延伸美德健康"触角"，在邻里之间弘扬互助友爱的良好风尚，动员居民走出小家、融入大家。

日常走访"贴心"。将倡树新时代美德健康新生活融入日常，每周一次开展实地走访、电话调查等，以入户唠家常、唠感情为主要方式，收集群众操心事、烦心事，形成重点项目清单，研究解决方案并逐一为群众解决，今年以来，共解决完成项目清单60项。结合重点项目清单内容，以"贴心"的心理咨询、道德培育、文体娱乐、劳动实践等为主题，开展丰富多彩、形式多样的文明实践活动。

（阳谷县侨润街道北街小区）

▲北街小区举办"知民俗 习文化 绘传承"学习强国线下推广活动

在学校，各地突出以德立校，推动倡树美德健康新生活与全环境立德树人贯通结合，融入教育教学全过程，推进大中小学德育一体化建设，注重校园文化打造，制定各年龄段学生文明礼仪规范，建立全环境立德树人教育激励机制，广泛招募家校社共育志愿者，让美德健康新生活理念在潜移默化中深深根植于学生心中。

学校篇

XUE XIAO PIAN

汲取传统精粹　出彩中国少年

　　济南市南上山街小学将倡树新时代美德健康新生活理念融入德育体系，创新打造"出彩中国娃"德育课程，课程以"礼乐射御书数"为核心，以"守中国礼""学中国艺""强中国身""研中国风""通中国文""圆中国梦"为内容，以"德化于礼""德显于乐""德强于身""德行于御""德达于书""德固于数"为育人目标，培养"懂礼节、爱艺术、勤运动、会实践、善学习、能创新"的新时代美德健康少年。

　　学校将传统文化教育内容进行结构化设计，建立传统文化、现代课程、核心素养的"三维架构"机制。以传统文化"六艺"为基线，依托现代课程延展"课程育人"层面，通过礼仪、艺术、健体、实践、诵读、科技等不同主题课程的高效实施，培育身怀"六艺"的"出彩中国娃"。在课程实施过程中，以"班级、年级、校级"三级社

▼济南市南上山街小学"阳光运动"传统体育课程

▲ "出彩中国娃"之学中国艺，加拿大访问团参与国粹体验课程

团活动、校园环境文化创建、社会实践体验、主题教育活动、家校社共育为渠道，与学科相融合，本着"以德为先"的原则进行跨学科整合，利用每周的少先队活动课、校本课、课后服务等时间进行课程的实施与渗透，逐步探索出"项目课程浸润、环境文化浸染、主题活动浸透、实践体验浸洽、家校协同浸沁"五种育人模式，凝聚育人合力，实现了全环境立德树人新突破。

在课程实施的近20年中，学校曾多次与美国、加拿大、芬兰、英国、奥地利等国家进行文化交流，向世界传播中国声音，学校德育水平不断稳步提升，先后有700多个班级、40000余名学生在德育课程中成长、成才，一大批学生、班集体先后被评为山东省"红领巾奖章"四星章、济南市"红领巾奖章"三星章、市中区"红领巾奖章"二星章。学校曾荣获"全国小学德育示范校""中小学中华优秀文化艺术传承学校""山东省非物质文化遗产传承学校"等称号。

（济南市市中区南上山街小学）

美德让生活更美好

莱州市双语学校将美德健康新生活与"立德树人"教育理念相结合，实施以四大活动（美德储蓄卡、美德之星胸章、美德富翁PK榜、美德银行评价）和十大理念（孝心、诚信、爱心、礼仪、勤俭、责任、守纪、安全、环保和自强）为主要内容的"美德银行"行动计划，取得明显成效。

建章立制，为美德银行活动保驾护航。印发了《关于开展"美德银行"教育活动的通知》《"美德银行"活动实施细则》，明确美德币的奖励与扣除行为，鼓励学生积累"孝心币""诚信币""爱心币"等十大美德币，每个学期对"美德存折"进行累加，作为学生在校期间综合素养的评价指标之一。

▲莱州市双语学校文明礼仪宣讲团进课堂

▲"节约粮食 从我做起"主题班会

　　宣传发动，以榜样引领共享发展成果。班主任每天晨会总结班级美德活动开展情况，每周班会总结表彰上周"美德之星"和"美德进步之星"，由被表彰的"美德之星"担任本周"美德形象大使"，并佩戴特制胸章。每月推选级部"美德之星"，将其事迹录制成广播，在学校循环播放，文明礼仪宣讲团进行巡回宣讲，树立学习榜样。学校不定期举行美德银行活动交流会，分享文明行为，传播文明风尚。

　　激发活力，以过程性评价推动发展。在班级设立"美德富翁"PK榜，通过彩色柱形图展示每个人的"美德币"，激发学生积累美德币的热情，让"美德银行"成为倡树美德的加油站。同时，学校引导学生每日自省，及时修正不文明行为，在自我教育中全面提升道德素养，在一言一行中践行美德健康新生活。

　　活动开展以来，累计1.6万名学生参与，"储蓄美德，传承文明"理念已深植于学生家长心中，学校先后获得"省级文明单位""山东省全环境育人规范学校""烟台市家校协同育人示范学校"等称号。

（莱州市双语学校）

美德健康我做主　共享校园新生活

　　济宁学院附属小学立足于孔孟之乡资源优势，展面育德，明思扬德，聚能养德，让传统美德迸发新时代活力，努力打造美德健康新生活方式主题校园。

　　构建融合模式，全面育德，擦亮教育底色。聚焦学生行为习惯养成，推行"美德健康"一三四融合模式。"一"是指美德活动，通过确定自律助人、孝老爱亲、诚信利他、节俭绿色、共建共享五大主题，重塑实践活动"单元"。"三"是指校级课程+班级课程、校内课程+校外课程、活动课程+体验课程三级课程，架构美德健康课程体系。"四"是指环境的广度、课程的深度、实践的速度、评价的高度四个维度，聚力家、校、社齐心，让美德健康新生活融入日常。

　　传承孔孟根基，明思扬德，注重实践养成。践行明学、明思、明行"三明"原则，开展晨诵、午读、暮省，创作美德小古文800余

▲ 寻文化古迹，与历史面对面，济宁学院附属小学学生在孟府研学，体验拜师礼

▲济宁学院附属小学阳光中队在曲阜举行"亲近圣贤 拜师习儒"研学行活动

篇，自编图文小报58册，自编自排的师生情景剧，走出校门广泛展演。师生全员参与"国学达人"挑战赛，习练武术操，在猜灯谜中争做文化"传播使者"，在吟诵经典中习雅言之道。举办寻找身边的民俗文化、寻一片碧水蓝天"两寻"活动，在文化古迹里与历史面对面，在"四馆一城"开展低碳生活活动，35人入选省市级"生态小达人"。

多维同频共振，聚能养德，拓展育人途径。以"听英模故事、访身边榜样、寻美德之源"为主题，开展"行善日记"分享、"五不五多"行动、"我做暖心娃""我跟爸妈比童年"等实践活动，引导学生践行社会主义核心价值观，争做新时代好少年。整合多方资源，举办百名智慧家长评选、晒家风家训主题活动，204节家校课程同步推进，拓宽教育途径。播撒志愿服务种子，走进特教学校开展"爱暖小伙伴 牵手共成长"联谊活动，到大凉山开展暖心三个一（一封书信、一次共读、一次暖心礼包邮寄）公益活动，为山区家庭解难纾困，实现优质资源共享。

倡树美德健康新生活工作开展以来，学校荣获全国文明校园荣誉称号，涌现出全国优秀少先队队员1人，山东省优秀少先队队员3人，师生在传统文化的浸润中结伴成长，学校成为美德健康新家园！

（济宁学院附属小学）

广泛汇聚合力　培育美德少年

荣成市实验小学聚焦党的二十大报告中提出的"培养什么人、怎样培养人、为谁培养人"这一根本问题，构建起以学校教育为主体、家庭教育为基础、社会教育为延伸、网络教育为补充、心理教育为支持的全环境立德树人新模式，推动德育工作由单一发力向多元聚力转变，有效提升了青少年德育工作的实效性。学校先后被授予"全国国防教育示范校""全国少先队工作先进集体""山东省中华优秀传统文化传承学校""山东省全环境育人规范校"等40多项省级以上荣誉。

激活学校德育"强引擎"。 开设中国共产党人的精神谱系课程，举办思政大课堂9期；开展亲子打卡家乡红色地标活动，1200多个家庭踊跃参与。举办学生个人艺术展，12场活动在"山东美育+"平台展出。将学生的美德言行与诚信教育融合起来，每月评选美德少

▲荣成市实验小学举办"红领巾心向党　争做新时代好队员"新队员入队仪式

年，用积分兑换"七彩卡"，再兑换成实物和心愿奖励，形成人人争做"美德小使者"的良好局面。结合全环境立德树人重点工作，由全体教师进行项目认领，每月调度，发放"信用喜报"，评选月度人物。

夯实家庭德育"主阵地"。 发挥"百名家庭教育讲师团"作用，举办家庭教育讲座7期。组建"亲子阅读共同体"，开展"拆书""晒书""讲书"活动11场，评选书香家庭210个。组织教师志愿者开展"幼小衔接""红色宣讲"等特色帮扶活动，弘扬文明新风。

画好社会德育"同心圆"。 开设红色革命文化、绿色生态教育、蓝色海洋科技、金色农田劳动、白色天鹅守护等"五彩"实践课堂。开展文体科创活动，消除学生"手机依赖症"；依托研学基地，开展寒暑假调研自然生态、追忆红色印记等研学活动，引导学生主动参与课外实践，体验社会。

营造美德荣成"软环境"。 利用荣成市自媒体联盟、"学习强国"平台丰富资源，打造"我的课程直播间"，录制"家乡非遗故事""科普实验"等视频300多个，推送到"学习强国"平台14个。

▲荣成市实验小学学生画出心中的"美德少年"

结合不同年级，开发推出心理健康微视频50余个，成立校园心理微剧社42个，每周小舞台一部情景剧表演，助力青少年健康成长。

（荣成市实验小学）

全环境立德树人　多举措倡树美德

莒南县第一小学在"润心"教育理念的指引下，以校园文化建设为抓手，以传统文化教育为特色，以文化活动为引领，着力将学校打造成为厚植美德健康新生活的丰沃土壤。

全环境立德树人，文化浸德。以"润心向党"党建品牌为主题，打造红色校园文化，将中国革命精神之红船精神、井冈山精神、沂蒙精神等具化为11幅手绘墙画；优化提升社会主义核心价值观雕塑、三面旗帜雕塑、党史长廊、中国革命精神展厅、少先队长廊；充分红领巾广播站、德育课程、艺术汇演等多形式载体，弘扬童心向党系列主题精神文化，培育"五心"好少年。

全环境立德树人，经典养德。深入挖掘传统文化中的美德教育，从书法、篆刻、泥塑等传统特色课程入手，依托《弟子规》《三字经》等蒙学经典积极开展习惯养成教育，将优秀传统文化与学生生

▲莒南县第一小学庆六一暨红色课本剧展演

▲莒南县第一小学举办"健康快乐，从'心'开始"心理健康讲座

活实际相结合，丰厚学生德育底蕴。依托传统节日、重要节点等广泛开展文艺汇演、参观学习、科普讲座等活动，实现学科融合，五育并举，帮助学生养成美德健康生活方式。

全环境立德树人，特色促德。打造高品质教师队伍，实施"名师工程"，建立名师工作室，由骨干教师带动青年教师共同提高；实施"青蓝工程"，党员教师带一般教师，老党员教师带青年党员教师，建立起青年党员教师培养长效机制。构建高素质育人体系，以"课程·活动·家校·评价"为关键词，制定体育活动方案，推出精选跳绳、趣味运动等体育项目，组织教职工参加"万步有约"职业人群健走激励大赛，进一步丰富校园生活。

全环境立德树人，评价育德。建立并完善以日课程、周课程、月课程为基本框架的德育一体化课程体系，搭建多样展示平台，将德育教育渗透到学生的日常行为规范中。不断丰富家庭德育实践课程，细化落实生活德育目标，组织开展"优秀家风家训"评选活动，用传统文化精髓改变师生的行为习惯，丰富师生的精神涵养。

（莒南县第一小学）

"五个一点"推动美德健康新生活开花结果

聊城市开发区第二实验小学探索实施"五个一点"美德健康生新生活倡树项目，即"品质提升一点、习惯养成一点、身体锻炼一点、环保参与一点、家务体验一点"，引导学生从点滴做起，将向学向善融于习惯养成，让美德健康新生活在学校开繁花结硕果。

品质提升一点，激活德育"反应场"。 组织经典诵读活动，以经典润童心，诵读传美德。每周一、周三开展"国旗下讲话"主题教育，每天进行课间校园广播，讲述身边的美德故事。打造红色故事长廊，打造沉浸式教育场景。学校被评为"山东省红色传承示范校"。

习惯养成一点，升级德育"主引擎"。 推出"2+2"习惯养成机制，即每天早上开展"入校早读"，通过20分钟读书润泽心灵，养成"入班即静、入座即读"的良好习惯；每天下午开展书法"天天练"，通过20分钟写字课养成良好风气，做到一横一竖学写字，一撇一捺学做人。2022年，学校被评为国家级"中小学生阅读素养教育项目应用校"。

▲"倡导全民阅读 共建书香社会"——开发区第28届"世界读书日"全民阅读活动启动仪式

▲"爱眼护眼　共享健康生活"——眼健康科普讲座活动

身体强健一点，打造德育"助跑器"。 实施健身培心行动，开设自主特色课58门，将武术操、跳绳、篮球、足球、舞蹈等纳入艺体选修课，聘请校外专业教师志愿者8人，每周进行两节艺体选修课，每天坚持课间锻炼一小时，练就强健体魄，培育昂扬向上的精气神。学校先后被评为全国青少年校园足球特色学校和围棋特色学校。

环保参与一点，筑牢德育"基础桩"。 强化学校社区联动，每月组织师生开展志愿服务活动，通过义务劳动、手绘主题海报、环保时装秀等形式，小手拉大手，倡树爱绿护绿、光盘行动、垃圾分类等理念，平均每年开展各类活动50余场次，参与人数上千人次，师生环保意识不断增强。

家务体验一点，奏响德育"主和弦"。 结合实际，分学段制定家务劳动教育清单，通过布置家务作业、分享劳动课，鼓励孩子主动参与家务劳动。定期举行特色家庭劳动实践课活动，通过大扫除、月季扦插等实践活动，让学生了解劳动、学会劳动、热爱劳动，培树勤快、懂事、友爱的好少年。2022年以来，先后有4位学生入选聊城市新时代好少年。

（聊城市开发区第二实验小学）

倡树美德健康新生活
共建心理健康教育新模式

邹平市黄山实验小学以倡树美德健康新生活为重点，以深入推进心理健康教育为重要抓手，不断完善机制体制、优化管理模式，大力营造良好的心理健康教育环境。

打造阵地，完善工作机制。打造300平方米的心理健康教育活动中心，设心理辅导室2个、沙盘游戏教室2个，每个教室现有50个小沙盘、两个大沙盘，能够同时容纳两个班级开展沙盘游戏课。成立"智润心理"工作室，具体负责学校心理健康教育工作，设1名主任、3名副主任，全校有32人获得国家心理咨询师任职资格书、15人获得家庭教育指导师资格证书。

编制课程，优化管理方式。开设"沙盘游戏"课，教师根据各年级学生身心发展特点，科学设计主题课程，编制校本课程《沙盘游戏在小学阶段教育教学中的应用与创新》。利用周四社团时间和下午托管时间，针对心理普测筛查出的需要心理疏导的学生开展沙盘游戏、图卡牌、曼陀罗绘画活动，引导学生认识自我、战胜自我，做积极向上的

▲黄山实验小学心理健康教育活动中心一角

▲ 黄山实验小学"沙盘游戏"课

阳光少年。开展"合适与不合适""新学期心变化""改变从心开始"等主题活动，服务学生6万余人次。设立班级"心理委员"，四至六年级每班各设男、女心理委员，58个教学班共116名心理委员。对班级心理委员进行培训与指导，做到能够给同伴做简单的心理疏导，及时向班主任、心理老师做汇报，成为老师的得力助手。教师根据汇报关注相关学生心理动态，及时采取干预措施，将心理预警落到实处，有效避免心理危机事件发生。

多频共振，保护心理健康。通过升旗仪式、开学第一课、班会课、心理健康讲座等形式对学生进行心理健康教育，充分利用延时服务时间开展30余项丰富多彩的校园文体活动，引导学生积极参与体育运动、艺术活动、阅读活动，养成健康向上的生活学习习惯，多频共振倡树美德健康新生活，共同打造学校、家庭、社会三位一体青少年心理健康教育新模式。

（邹平市黄山实验小学）

美德健康新生活从"小"培养

菏泽市定陶区第四实验小学统筹推进倡树美德健康新生活、全环境立德树人工作，用好"四个抓手"，打造全新倡树场景，扎实开展主题活动，让美德健康新生活浸润心灵。

以主题活动为核心，让美德健康生活"动"起来。每月至少开展一次紧扣时代脉搏的"爱国主义"主题活动，持续开展以读红色书籍、听红色报告、讲红色故事、寻红色基地、树红色榜样、诵红色诗词等为主题的"十红活动"，培养未成年人的爱国意识；成立"快乐足球""精彩围棋""乐高机器人"等艺术社团，丰富健康向上的校园文化生活；组织开展"劳动美"主题活动，帮父母分担家务，体会父母艰辛；开展"爱在重阳"等重要节点主题活动，传承和弘扬中华优秀传统文化。

▲定陶区第四实验小学组织开展"阳光体育 旺体成才"学生足球比赛

以宣传教育为依托，让美德健康生活"亮"起来。在校园围栏、广场等显著位置设置美德健康新生活公益广告，营造浓厚倡树氛围；成立"蒲公英"广播站，创办"雏凤之声"校园小报，定期播报最新时事、儿童趣文等；组建"第四实小教育宣传队"，招聘小记者、小主持人、爱心志愿者，举行多种形式的宣讲活动；利用微信群、公众号宣传新时代美德健康新生活，提升其传播力和影响力。

以课程活动为载体，让美德健康生活"活"起来。坚持每周一次的亲子阅读课程展示活动，开展百名"阅读之星""书香家庭"评选活动；开设"篮球、架子鼓、创意美术、拉丁舞"等课后服务课程；开展每周一次的"成功小达人习惯养成"星级争章活动；围绕"爸爸妈妈陪我成长——亲子活动类""快快乐乐自我成长——个人实践类"两大体系，精心设计包含"行为习惯""社会见闻""健康锻炼""科学探索+动手实践"等七个活动主题的"寒暑假实践活动"。

以家校共建为保障，让美德健康生活"暖"起来。成立家委会、家长志愿者协会，协助学校或班级做好道路交通、卫生清扫、班级文化建设；开设家长讲堂，举办"家风、家训、家规"系列共建活动，树立以德立家、以勤持家、以爱守家的家庭理念，在潜移默化中提升家长思想境界。

（菏泽市定陶区第四实验小学）

▲ 定陶区第四实验小学开展"学雷锋致敬火焰蓝　走进消防队"社会实践活动

在机关，各级把倡树美德健康新生活与模范机关、文明单位创建紧密结合，从机关党建入手，从日常行为规范抓起，深化政德教育活动，通过线上宣传、线下打造等形式营造浓厚倡树氛围，积极打造阅读空间、健身中心等阵地，培育昂扬向上的机关文化，组织开展形式多样的美德健康新生活分享会、读书会，引导广大干部职工将美德健康新生活转化为日常自觉行动，营造向上向善、共建共享的浓厚氛围。

机关篇

JI GUAN PIAN

"三五"工作法让国资国企礼遇文明新风

省国资委聚焦新时代文明实践五大任务，在新时代美德山东和信用山东建设中走出了"五有、五地、五为、五美"文明之路。

聚焦"五有"，筑造美德健康新阵地。围绕省属国资国企倡树美德健康新生活谁来做、在哪做问题，通过"整合资源—深化拓展—全面推开"三步走，构建"1+2+N"工作机制，筑造"有阵地、有队伍、有项目、有活动、有机制"新时代文明实践矩阵。1个中心，在省国资委机关，建设省属国资国企新时代文明实践中心，作为指挥中轴；2个阵地，在省属一级企业建设新时代文明实践和党的创新理论宣传宣讲中心两个阵地，发挥示范带动；N个基地，在省属企业权属单位建设N个新时代文明实践基地，延伸前沿终端。深化习近平新时代中国特色社会主义思想宣传宣讲，让更多形式和更好成果润化美德健康新生活方式。

聚焦"五为"，深化美德健康新实践。统筹省国资委机关志愿

▲山东省属国资国企新时代文明实践中心揭牌仪式

▲省属企业"中国梦·新时代·新使命"百姓宣讲比赛暨"益企阅读"春风行动主题阅读演讲比赛

服务总队、省属企业分队，开展"我们的节日+""五为"志愿服务活动，持续用好解决实际问题和解决思想问题"两把钥匙"。元旦春节，开展"文化艺术进基层""情满旅途为顾客"志愿服务；五四青年节、心理健康日，开展情感疏导、心理辅导；六一儿童节、中高考季，帮扶困难儿童、护航中高考；重阳节，为老人提供"幸福食堂""健康义诊"等志愿服务，打造国资国企"一月一主题"志愿服务模式。

聚焦"五美"，引领美德信用新风尚。加强美德诚信国资国企建设，营造崇德向善、重信守诺良好氛围。自律助人突出"廉"字，以"清廉国资"廉洁文化品牌助推职工自律修身；孝老爱亲突出"家"字，举办"家风家教""最美家庭"事迹分享会，传递"齐家之道"；诚信利他突出"践"字，将诚信纳入党建责任制考核，推动企业守信践诺；节俭绿色突出"倡"字，发布"节庆"倡议书，倡导生态和谐生活方式；共建共享突出"领"字，让"连钢创新团队"等全国典型引领"爱岗位、重实干、勇创新、争一流"国企新风。

（省国资委）

加强模范机关建设　共享美德健康生活

　　济南市人大常委会机关把倡树美德健康新生活与模范机关创建紧密结合，通过开展党建引领、书香人大、机关两创等行动，推动机关党风政风持续向好，精神风貌焕然一新，先后获得全市模范机关、全国节约型机关等多项荣誉。

　　成德于行，润德于心。将社会主义核心价值观融入机关党建全过程，机关干部积极响应号召，自发资助贫困儿童、贫困大学生完成学业。机关各党支部与社区广泛开展"三联系三调研""双联共建"等活动，帮助基层解决实际问题30余件.在全市疫情防控的关键时期，机关党员下沉社区、建筑工地等帮助抗疫，推出《人大干部的"大白日记"》宣传专栏，撰写20余篇抗疫日记，成为全市抗疫中具有重要影响力的宣传品牌，推动美德善行在人大机关蔚然成风。

　　以文化人，成风化俗。发挥文化化导人心作用，大力开展"书香人大"建设，与市图书馆合作打造藏书5000余册的"书香人大·阅

▲济南市人大常委会机关干部疫情期间到基层开展志愿服务活动

读空间"，配备24小时自助借还机、瀑布流、电子书借阅机等设备，定期更新图书。大力推广"泉民悦读"数字阅读平台，为"泉民悦读"扫码看书服务"进机关"提供了"人大模式"。开展多元特色的读书活动，让学习由任务式变为参与式、体会式，浓厚的读书氛围已在机关中形成，共读、共学、共享成为热潮。

勤俭节约，绿色健康。出台市人大节约型机关创建行动实施方案，围绕6大方面，制定15条具体措施，制发垃圾分类倡议书和宣传标语，引导机关干部养成简约适度、绿色低碳的生活和工作方式。制发市人大常委会机关劝阻吸烟工作制度，积极开展控烟健康知识宣传，强化各项控烟措施，持续营造健康环境，成功创建无烟机关。

真情关怀，真心爱护。广泛开展丰富多彩的文化体育活动，机关妇委会、青工委分别在三八妇女节和五四青年节前后，针对女干部和年轻干部组织开展了系列文明实践活动；

▲济南市人大常委会机关开展"与书相约　共享书韵"好书推荐会活动

机关工会组织机关干部参加"济南市第九届国际合唱节比赛"和济南市第十届职工运动会趣味项目比赛，分别荣获第二名和体育道德风尚奖。注重心理关怀，建立常委会领导、机关领导与机关干部定期谈心谈话制度。举办温馨、庄重的荣退仪式，做细做实做好干部荣誉退休工作，不断增强退休干部的荣誉感、归属感。

（济南市人大常委会机关）

妇"联"万家　共建美丽文明新即墨

　　青岛市即墨区妇联立足工作实际，扎实开展"倡树美德健康生活　建设文明美丽即墨"系列主题活动，积极引导广大妇女同志自觉践行新时代美德健康新生活。

　　巾帼宣讲聚力，美德健康"人人受益"。依托妇女微家、新时代文明实践阵地，组织45名"即宣即讲　她声嘹亮"巾帼宣讲团成员，围绕"党的理论政策、家庭家教家风、巾帼建功、维权关爱、文明礼仪、健康养生"六方面内容，深入镇街、村庄、社区、机关、企业等一线广泛开展宣讲。积极号召各级妇联组织充分利用巾帼宣讲团资源，走进田间地头、工厂车间、美丽庭院等场所，开展巾帼宣讲活动28次，营造浓厚宣讲氛围，凝聚建功"十四五"、奋斗新征程的磅礴巾帼合力。

　　美丽庭院发力，美德健康"人人知晓"。启动"党建引领　巾帼先锋　千村万户共创'美丽庭院·幸福家'攻坚行动"，成立17支

▲即墨区妇联举办家庭教育指导员培训班

巾帼先锋队和11支巾帼志愿队伍。截至目前，全区建成美丽庭院5.6万户，建成率达39.23%，建成户数列全市第一。2023年以来，持续引导美丽庭院深度参与家庭文明建设，共寻找到74户区级优秀家庭典型，28户家庭获评青岛市"最美家庭""绿色家庭"荣誉称号，1户家庭获评全国"最美家庭"荣誉称号。

志愿服务用力，美德健康"人人认同"。依托即墨区新时代文明实践中心阵地，开设瑜伽、古琴、少儿围棋、茶艺等19门精彩公益课程，服务妇女儿童超2万余人次。持续推进"春蕾计划"，关爱呵护女童健康成长，目前已救助200余人。2023年5月，启动即墨区"春蕾女童"心灵守护公益项目，成立即墨区"春蕾女童"心灵守护项目志愿服务队，重点为全区小学阶段"春蕾女童"提供心理辅导服务。

媒体宣传加力，美德健康"人人参与"。积极打造"线上"活动阵地，充分利用"即墨女声"微信公众号、视频号线上新媒体平台开展系列展示宣传活动，展

▲青岛市"习语回响"主题宣讲走进即墨暨即墨区妇联"即宣即讲　她声嘹亮"巾帼大宣讲启动仪式

播寒假关爱儿童视频13期、"美丽庭院　即刻出发"宣传片12期。每周定期舞蹈直播教学，目前已开展14期。积极转发山东省家庭美德和心理健康教育知识大赛网上答题、世界无烟日、全民禁毒宣传月、家庭教育"应知应会"宣传语、全民国家安全教育日等微信文章。

（青岛市即墨区妇联）

倡树美德健康生活　建设文明模范机关

　　枣庄市市中区委区直机关工委组织区直机关扎实开展"倡树美德健康生活　建设文明模范机关"系列主题实践活动，引导广大党员群众共建美德新市中。

　　"信用+志愿"，营造美德"好氛围"。市中区委区直机关工委发挥党政机关、事业单位表率作用，为推进美德信用体系建设，制定《美德信用体系建设激励机制》。以机关志愿活动为载体，制定《美德信用积分制管理办法》，将参与活动积分量化，评选"美德诚信之星""文明职工""公益之星"等先进典型。号召工委党员干部积极参与志愿服务活动，营造浓厚美德健康新生活倡树氛围。

　　"教育+引导"，增加美德"知晓率"。号召各直属机关党组织以"主题党日"为抓手，深化政德教育。组织党员学习《关于倡树新时代美德健康生活方式的实施方案》、观看美德健康生活宣传片、诵读中华传统美德故事等，全面了解新时代美德健康新生活"是什么"、需要"做什么"。组织评选了市中区2023年第一季度"季度之星"先进集体7个和先进个人23名，充分发挥先进典

▲山水情深·巨幅山水《鲁南揽胜图》创作完工暨"庆七一"名家书画笔会

型示范引领作用。引导各直属机关党支部组织开展一次大讨论，围绕自己或身边人倡树新时代美德健康新生活的先进典型和感人事迹组织开展分享会，推动美德健康生活方式转化为机关基本行为规范。

"线上+线下"，引领美德"新风尚"。 打造"线上"宣传阵地，将全区党员干部文明善举在"市中机关党建"公众号进行刊登，发挥好"市中机关先锋"榜样的示范表率作用，通过典型引路，形成良好的文明风尚。充分发挥美德健康生活阵地作用，广泛开展形式多样的活动，积极推动美德健康生活方式做深、做实、做细。6月24日，组织区直机关书画爱好者60余人，参加鉴长春先生山水情深·巨幅山水《鲁南揽胜图》创作完工暨"庆七一"名家书画笔会，书写枣庄市中高质量发展的美丽画卷，展现了我区文化事业强劲发展势头。6月29日，举办"追寻红色印记　牢记初心使命"庆七一红色收藏品观展活动，展出了珍贵红色藏品，激发市中区直机关党员干部积极投身"强工兴产、转型突围"和实施工业倍增计划的火热实践中。

（枣庄市市中区委区直机关工委）

▲"追寻红色印记　牢记初心使命"庆七一红色收藏品观展活动

倡树美德健康新生活　共建共享示范机关

　　邹城市融媒体中心围绕倡树新时代美德健康新生活工作，积极开展邹鲁融媒大讲堂、邹鲁家教大讲堂和志愿服务活动，打造"邹鲁融媒·贴心相随"特色文化品牌，建设共建共享示范机关。

　　推动机关建设，打造文化健康科普示范阵地。打造图书室、党员活动室、文体活动健身中心等文化健康科普示范场所，引导干部职工弘扬中华民族的传统美德和时代新风。每周举办邹鲁融媒大讲堂，围绕传统文化传承与发展、廉洁勤政教育、保密教育等内容开展全员培训，推动干部职工提升道德修养和职业素养。积极开展爱心爸妈、爱心送考等系列主题志愿服务活动，发挥下沉干部、邹鲁融媒主播优势，积极倡树美德健康新生活。

　　深化融合传播，营造崇德向善浓厚氛围。构建"1+4+N"全媒

▲ 邹城市融媒体中心牵头开展"爱心送考"绿丝带志愿服务活动

体传播矩阵，调动全媒体资源，传统媒体与新兴媒体同频共振，形成强大融合传播声势。探索多元传播路径，在微信、微博、移动客户端等平台开设倡树美德健康新生活专题，在"邹

▲邹城市融媒体中心在图书室举办"青春心向党 融媒书情怀"邹鲁融媒书享汇

鲁融媒"APP开设《美德邹城 崇善致美》《让乡村更美更宜居》专栏，设置"邹鲁家教大讲堂"专区，及时播发美德健康新生活动态资讯，做好典型宣传，展现动人事迹。致力打造高品质精品力作，将倡树美德健康新生活元素融入短视频、动漫、海报、H5等新媒体产品中，推出《雨中路人抢救触电倒地女士》等一批弘扬传统美德的融媒产品。制作播出《传承孝道》等系列公益广告，引领社会风尚、弘扬新风正气。

发挥媒体优势，开展新时代文明实践活动。利用主流媒体优势，精心主题活动，先后开展了"微公益·爱心跑""爱心腊八粥""37℃城市益行""邹鲁融媒书享汇"等活动100余场次。举办"邹城春晚""少儿春晚""舞动邹城"等，丰富广大基层群众精神文化生活。开展"感动邹城道德模范""邹城好人""最美职工""最美护士""邹城好医生"等评选活动，充分发挥典型示范宣传效应，以主流声音汇聚崇德向善的强大力量。

（邹城市融媒体中心）

德信融合实现"以诚管城"

荣成市综合执法局将美德信用建设融入城市管理领域，探索实践"德信融合 以诚管城"的城市管理模式，全面推动管理对象美德信用意识提升。

坚持信法联动，构建城市管理新模式。出台规范性文件《荣成市城市管理领域信用管理及星级评价实施办法》，依托"信用积分+星级评价"构建起城市管理美德信用评价体系。设计城市管理领域信用二维码和星级标识牌，将美德信用分转化为直观的数字和星级，为开展分级分类监管提供了依据。截至目前，已为全市12000多家沿街商户张贴星级标识牌，实现全覆盖。建设了国内首个"综合执法+信用"监管平台，具备"一通六化"的总体功能，有效地补齐了精致管理必需的"设备、数据、智慧"三大要素，为科学决策和精准监管提供"脑力"支撑。

▲ 街长向商户解释相关法规

坚持全员参与，拓展共治共享新路径。创新推出编外城市管理者——街长。通过宣传发动，先后吸引300多家商户主动报名认领街长，经过精心筛选和严格培训，共发展街长近百名，协管商户4000多户。对于管理效果良好的优秀街长，给予美德信用加分等奖励，让其成为城市管理"VIP"，通过各类新闻媒体宣传推介，让街长享受到实实在在的"红利"。创新推出全民参与的志愿服务活动——"领着市民管市容"。创新推出"领着市民管市容"志愿服务活动，将城市管理这一大课题分成若干小课题，市民可以自主选择感兴趣的主题参与。截至目前，围绕20多个主题开展活动900多期。

坚持正向激励，倡树美德信用新风尚。隐性信息显性化，引导商户参与城市管理。发放星级标识牌"信用身份证"，将过去只存在于部门监管数据库里的商户信用信息公开化，商户

▲荣成市综合执法局为美德信用商户张贴星级标识牌

美德信用意识显著增强，乱堆乱放、占道经营等违规行为明显减少，城市市容秩序大幅提升。实行弹性执法，对轻微违规行为运用信用提醒、信用告知、信用约谈等手段进行警示，消除隔阂、融洽关系，行政处罚案件数量大幅下降，群众综合满意度显著增加。构建"执法队员+街长+沿街商户+市民"四位一体的大城管格局，助推荣成美德信用体系建设，努力实现城市管理让生活更美好的愿景。

（荣成市综合执法局）

美德健康新生活让单位"文明满格"

郯城县纪委监委统筹推进美德健康新生活倡树工作，以"美德+家风""美德+公益""美德+文化"为重要抓手，拉满美德健康新生活"进度条"，以有力举措让省级文明单位"文明满格"。

美德+公益，为绘就美德生活"新画卷"提成色。成立"清风"志愿服务队，积极参与帮包社区志愿服务活动。开展"双报到"活动，完成结对共建项目1项。积极投身国家卫生城市和省级文明城市创建工作，组织开展志愿服务活动，以实际行动倡树美德健康新生活。倡导节俭绿色，组织纪检监察干部积极参与"万步有约"活动，开展义务植树等志愿服务活动。完善社区网格化综合管理工作，开展"志愿新时代　共创文明城"主题活动，组织机关党员干部走访入户1000多家，把倡树美德健康新生活与文明创建紧密结合，更好地暖人心、聚民心、合民意。

▲郯城县纪委监委开展"植树于行　植廉于心"义务植树活动

美德＋家风，为绘就美德生活"新画卷"明底色。 组织开展"倡树美德家风　包廉粽过端午"等系列主题活动，组织观看《郯城徐氏家风：清白传家久》系列主题短视频，共同接受良好家风家训的熏陶。纪检监察干部与家人互送贺卡，写下对家人的"廉洁寄语"。开展廉洁家访，强化对纪检干部"八小时"以外的监督。为所有纪检监察干部建立个人"廉政档案"，为干部绘制基本"廉政像"，使廉洁文化入脑入心。

▲ 郯城县纪委监委组织开展清廉郯城文艺展演

美德＋文化，为绘就美德生活"新画卷"添亮色。 充分发挥文化润心作用，着力打造"一镇一特色"廉洁文化品牌，在全县上下创建不同类型、各具特色的廉洁文化示范点20余个，让廉洁文化"活"起来、"传"开去。依托郯城县廉政教育基地，举办廉洁书画作品展、廉洁主题文艺汇演等活动，充分释放优秀传统文化底蕴。参与打造郯城县孝文化廉洁主题公园，拓展倡树美德新阵地。

（郯城县纪委监委）

在企业，各地创新工作思路，着眼于长远发展，把倡树美德健康新生活融入企业文化建设，主动承担社会责任，扎实开展便民服务、帮困助学、技能培训、科普宣传等志愿服务活动，以美德理念涵养企业精神，丰富企业文化，全面推进社会公德、职业道德、家庭美德、个人品德建设，激发企业倡树美德健康新生活的动力和活力。

企业篇

QI YE PIAN

崇德向善　赋能发展
用文明擦亮幸福底色

　　济南市济阳区长田实业有限公司以积极弘扬中华优秀传统文化为根基，立足企业自身发展，强化价值引领和民企担当，大力倡树美德健康新生活，因地制宜开展形式多样的美德健康文明实践活动，营造崇德向善的文明新风尚，不断为城市发展注入新动能，助力济阳区城市软实力的提升。

　　大力培育有信有德的企业文化。长田实业作为济阳本土优秀民营企业，始终秉承"诚信为本　品质经营　责任发展"的经营理念，积极开展诚信教育实践活动，通过"长田讲堂"、公司例会集体学习诚信倡议、职工代表现场谈感悟等形式，广泛宣传诚信理念，弘扬诚信文化。每年联合各机构团体，共同开展诚信道德主题宣传活动20余场，使诚实守信、重信守诺的社会风尚深入人心，进一步擦亮"善作善为　美好长田"品牌。2023年3月，长田实业被授予"济南市济阳区新时代文明实践基地"。

▲长田实业携手《济南日报》开展"爱涌泉城·心文明"心理公益沙龙活动

积极承担共建共享的社会责任。 长田实业积极投身社会公益事业，以高度的社会责任感传递长田慈善力量，成立济阳区首家民营社会公益组织"长田人乐善行公益服务中心"，聚焦扶危济困、公益救助、公益志愿服务等领域，采用"党员＋社工＋志愿者"协同联动运作模式，以党建引领志愿公益，以共建促进共享，持续推动公益服务常态化、长效化运行。同时，积极承担企业社会责任，注资500万元成立"长田慈善基金"，资助济阳区品学兼优、家庭贫困的学生，促进全区民生改善；注资500万元成立济阳区首支"善美济阳人"基金，传承闻韶美德，弘扬"善美精神"。

大力营造全民阅读的良好风尚。 打造"长田书屋"，并主动融入济阳区图书馆总分馆制体系，提高书籍供给丰富度，优化文化要素配置，打造"城市书房＋"新型阅读服务模式，

▲新元社区"鸿鹄学堂"夏令营走进长田书屋

赋能全民阅读资源量质齐升。努力提升书店文化服务品质，重点组织开展主题讲座、文化沙龙、文化论坛、互动交流、读书演讲等各类活动，实现"线下美好生活体验＋线上知识文化传播"，做全民阅读的推广者、建设书香社会的实践者，构建全民阅读大格局，打造"儒风韶韵、善美济阳"全民阅读品牌，持续营造向善向上的良好风尚，提升城市温度与文化气质。

（济南市济阳区长田实业有限公司）

大爱善举　让残疾人畅享美好生活

　　东营百华石油技术开发有限公司持续关心支持残疾人事业，让这些特殊群体在不同的工作岗位贡献智慧、实现价值，让践行美德健康新生活深深融入企业文化。

　　"培训＋招聘"一站式服务促就业。作为助残先进企业代表，公司秉承"授人以鱼，不如授人以渔"理念，借助残疾人就业培训的优秀经验，打造了残疾人一站式服务平台，使劳动年龄段内的残疾人成为自食其力的劳动者。帮扶残疾人提升职业技能，公司投入资金200余万元，把厂区建设成为技能培训实践基地，安置残疾群众就业83人，不断引领残疾人形成自食其力的新风尚，帮助残疾人实现自我价值，畅享美德健康新生活。

　　"扶智＋扶志"助学筑梦又铸人。成立东营市百华爱心助学中心，每年注入爱心资金30万元，帮助贫寒家庭的学生完成学业。十年

▲对残疾人进行培训，帮助残疾人实现就业

▲ 开展"人大企业进村居，温暖最美夕阳红"慰问帮扶活动

风雨无阻，十年硕果累累。众多受到资助的青年学子满怀感恩之心，在公司影响下，积极主动投身公益事业，用爱温暖他人，用心回馈社会，用实际行动践行新时代青年的责任与担当。

"结对＋关爱"建美丽乡村奔共富。百华石油公司与胜园街道王连村开展结对帮扶，通过组织共建、资源共享的方式，常态化开展扶贫济困、社会公益、宣传讲座、文艺汇演等多种形式的文明实践志愿服务活动，为群众提供多元化服务，促进帮扶村经济发展，助力建设美丽和谐幸福家园。

（东营市百华石油技术开发有限公司）

念好"讲、帮、实"三字诀
打造美德企业新名片

烟台丰金集团以倡树美德健康新生活为主线，以"讲、帮、实"三个字，推动美德健康生活方式内化于心、外化于行，成为企业引领文明实践新名片。

着眼"讲"字，弘扬美德健康生活新理念。积极开展各类美德健康新生活宣讲活动50余次，常态化开展《如何妥善处理婆媳关系》《建设优良家风，端正工作作风》等专题讲座，对员工进行全方位美德健康新生活教育引导。主动配合区新时代文明实践中心、区妇联及团区委等单位，立足自身特色，在乡村、社区、学校、机关、企业等领域开展专题讲座100余场，受益听众达数万人，全力营造美德向善、诚信利他的新风尚。

突出"帮"字，展现美德健康生活新作为。搭建"丰金爱心在线"平台，长期开展爱心公益慈善帮扶活动，项目累计投入款项上亿元，受众达20万人次。爱心助学累计投入善款1500多万元，惠及烟台大中小学生3万多名；在全国范围内捐赠爱心书柜200多套、图书200多万册，先后为德州困难群体捐助30万元，为烟台、济宁、临邑捐赠86.4万元建造"希望小

▲丰金集团志愿者为环卫工人送解暑西瓜

▲丰金集团志愿者开展重阳敬老活动

屋"72间。实施白内障爱心复明计划，与多家医院签约免费手术，让1000多名贫困患者重见光明。开设7家爱心餐厅和爱心超市，每日为孤寡老人、环卫工人及建档立卡贫困家庭提供爱心午餐，截至目前，累计用餐人数超过500万人次，免费发放帮扶物品48万件。

立足"实"字，助力美德健康生活新飞跃。 成立丰金书院和桃林书院，把学习传统经典和传承美德健康新生活理念相结合，长期开展吃住学全免费的公益培训，邀请国学名师围绕家庭伦理等内容开展授课，已举办公益培训活动600多期、开设中小学生国学夏令400余期，受益群众10万多人次。近年来，丰金集团先后被授予山东省儒商研究会烟台活动基地、共青团山东省委青年志愿服务先进集体、山东省学雷锋志愿服务"四个100"先进典型等称号。

（烟台市丰金集团）

"鲁花之香"德润心田

　　莱阳市鲁花集团以"四德"建设为导向，秉承"明道多德、先爱他人、利人为公、以德取得"的企业核心价值观，形成了一套美德与文明相交融的道德文化体系，培育了一大批忠诚敬业、有礼守信的鲁花人。

　　筑牢道德思想高地。将红色思想融入企业文化。把"热爱祖国""拥护中国共产党"写进了"鲁花誓词"，出版企业道德文化学习教材《鲁花生生之道》，全国近400家单位的干部员工学习诵读。打造1312道德文化培树模式，每年围绕企业文化三本书对每位干部员工开展两次企业道德文化培训，同时，每年评选道德标兵、鲁花工匠等先进典型进行表彰，营造人人争先进、学榜样的良好氛围。企业先后获得"中国道德文化建设先进单位""中国道德文化建设典范企业"等荣誉称号。

▲鲁花道德大讲堂常态化强化职工道德思想

创新产业模式带动就业。坚持"农民把花生种在哪里就把工厂建在哪里"的宗旨，通过"基地+合作社+农户"模式，优先流转贫困群众土地、吸纳贫困群众入社或务工，累计在全国14个省份建设生产基地47个、配套花生种植基地1000多万亩，增加农民和贫困群众种植收入。

志愿服务传递"鲁花之香"。成立"大爱鲁花，情满中华"党员志愿服务队，广泛开展助农纾困、帮扶救助、抢险救灾等志愿服务。捐资3500万元，先后重建莱阳市姜疃小学、莱阳鲁花丰台中学，60多名贫困学生实现就近入学。设立鲁花教育教学奖，每年对优秀师生及困难家庭学生给予资金奖补。多年来，累计捐助资金上亿元用于公益事业，真正把"鲁花之香"送进万家、洒向社会。

▲鲁花道德大讲堂公益课走进鲁花丰台中学，助力学生健康成长

擦亮诚信经营底色。严格规范内部管理，要求每位干部签订《廉洁自律承诺书》，全程监督经营活动，定期审计个人行为，同时设立举报电话，对于举报，快速查实，予以公布。主动接受社会监督。坚持提供从花生育种到产品营销全产业链服务，公布调和油配方比，砍掉诚信"盲区"。

（莱阳市鲁花集团）

书写美德健康新生活光明篇章

　　潍坊市正大光明眼科集团坚持在多个领域深耕，从示范基地到志愿服务、再到宣传宣讲，致力于培育孝老爱亲、诚信利他、崇尚善行的美德健康新生活。

　　搭建多维度宣传体验阵地。正大光明眼科集团积极打造"幸福广场""幸福影院""幸福德社""百姓茶社"等美德健康新生活阵地。在"幸福广场"，人们可以共享欢乐，在各类文艺演出和体育活动中感受生活的美好与活力。"幸福影院"为视力障碍儿童提供无障碍电影放映，享受特殊的光影世界。"幸福德社"和"百姓茶社"则为人们提供亲切温暖的社区服务，提高人们的幸福感和获得感。在国际幸福日来临之际，集团举办"幸福广场"启动仪式，市民可以通过打卡拍照

▲ 潍坊眼科医院美德健康生活体验打卡地

的方式留念，留下自己的"幸福瞬间"，共同畅享新时代美德健康新生活。

建立7+N志愿服务队伍。根据群众需求，探索7+N志愿服务模式，组织247名注册志愿者分别成立眼健康志愿服务队、为老专项志愿服务队、为小助学志愿服务队、扶贫帮困志愿服务队、党员志愿服务队、医疗志愿服务队等7支志愿服务队伍，常态化开展为老助医、为小助学、科普宣传、健康义诊、扶贫帮困、拥军优属等多项志愿服务活动，把理论宣讲、文化教育、助老爱幼、科普宣传等服务送到百姓家门口，送到群众心坎上。

开展"光明为老"志愿服务。在光明为老的道路上，正大光明眼科集团自2005年起多次开展面向老人的白内障复明公益项目，公益查体300余万人次，查体5万余次，公益救助10余

▲ 潍坊眼科医院志愿者开展"光明为老"志愿服务活动

人次，因防盲治盲工作突出，被国务院授予残疾人之家的荣誉称号。"正大光明，福泽万家"志愿服务项目获评2022年度全省学雷锋志愿服务"四个100"先进典型名单最佳志愿服务项目。"明眸新时代，光明向未来"项目，荣获市级最佳志愿服务项目。此外，集团还依托智慧生命健康监测平台，构建了智能化医疗+互联网医疗+志愿服务的综合服务体系，让老人的晚年生活更加安心、舒适、充实。

（潍坊市正大光明眼科集团）

"三维同心" 践行新时代美德健康新生活

国网济宁供电公司深入学习贯彻党的二十大精神，大力弘扬中华优秀传统文化，推动新时代美德健康新生活落地生根。

传承礼乐之道，"企业通礼"温润人心。首创《企业通礼规范》。以社会主义核心价值观为引领，深入挖掘"礼乐"的时代价值，从"礼貌、礼节、礼仪"三个维度，推行员工"宁心四礼"（入职礼、拜师礼、成长礼、荣退礼）、客户"连心三礼"（规约之礼、营商之礼、修身之礼）、节庆"暖心十礼"（除岁迎新礼、清明崇先礼、劳动光荣礼等），让工作生活充满仪式感。弘扬传统文化。开设公司"名师讲堂"、支部"道德讲堂"、班组"十分钟文化课堂"，编制《百课百讲》《百事百例》，线上线下相结合把文化课程送到工地一线。践行新式礼仪。建成"湖上彩虹"文化教育基地，编排《千年礼乐 青春传承》情景剧，举行拜师礼、荣休礼、清明崇先礼等活动300余场次，在潜移默化中提升广大员工的道德水准。

▲国网济宁供电公司举办新入职员工"拜师礼"活动

倡导和合文化，"美德信用"入行走心。弘扬"家和文化"。建设"人为本"职工服务中心、"和为贵"矛调中心、"云思政"融媒体中心，实施"五心"行动（放心上、听心声、调心态、解心结、暖心窝），涵养员工阳光健康心态。实施关爱员工"十件实事"。建立"代表包案""限时销号"机制，有效落地了职工书屋、妈妈小屋等民生项目。深化美德信用建设。构建"信条＋信物＋信用"体系，组织青年员工讲"信条故事"，先进典型谈"信物见证"，党员骨干亮"信用积分"，让诚信文化深入人心。

弘扬雷锋精神，"善小行动"共筑同心。实施"365·善小"志愿服务行动。成立爱心志愿服务协会，开展"进百家门、知百家事、解百家难"志愿服务2.7万余次，涌现出朱恒顺、徐保庆、满玉林等11名"中国好人""山东好人"，"爱心妈妈"志愿服务队获评全国"四个100"最佳志愿服务组织。搭建多元化志愿服务平台。通过"电暖嘉风"新时代文明实践基地，常态化开办"电力安全课堂"，全市建成电力彩虹驿站30余个，有效解决"车充电、人休息"等群众身边小事。

（国网济宁供电公司）

▲打造国网嘉祥县供电公司"电暖嘉风"新时代文明实践基地

重信义宣美德　彰显企业社会责任

　　泰安市乐惠生态农业发展有限公司积极探索"美德+信用"体系建设，将"美德+信用"融入公司经营理念与志愿服务中，与朱家洼村、北张村达成互助共建的村企联建模式，常态化开展新时代文明实践志愿服务，助力基层美德信用阵地建设，让美德信用融入心、践于行，将美德信用、诚信文化根植于企业文化中。

　　"美德信用＋产业振兴"，乡村振兴"红红火火"。乐惠农业与朱家洼、北张村实行村企联建以来，将企业经营与美德信用相结合，通过承接驻地群众劳务用工需求，在公司设立专门的特色农产品摊位，帮助群众销售杏、桃、山楂等农产品。建设大棚种植项目，邀请相关农业专家教授，开展现代农业技术培训20多次，不断提高当地农户的创新创业和增收致富能力。

　　"美德信用＋公益事业"，美德活动"有声有色"。成立"乐助青少年公益事业发展中心"，突出美德信用在公益事业建设中的优势地位，通过美德信用赋分的形式，促进公益事业在基层治理中"提质增效"。目前，乐惠农业致力于开展多种形式的青少年发展公益及志愿服务活动，开展举办了青少年社会公益活动、文教讲座、心理辅导、扶贫助困

▲农业专家对当地村民展开培训

▲"村企共建信用联盟"诚信村民、诚信员工表彰暨信用积分兑换大会

等一系列关注青少年成长的志愿服务活动，助力学生200余人，帮扶金额30余万元，让美德"抬头可见，低头可现"。

"美德信用＋志愿服务"，文明氛围"蒸蒸日上"。组建岱岳先锋、扶危济困等8支新时代文明实践志愿服务队，常态化开展美德健康新生活宣讲活动，组织志愿者通过爱心义诊、爱心助学、爱心助农等贴心暖心的服务方式拉近百姓距离，通过一次次"美德信用"宣讲，让美德健康新生活、移风易俗、诚信教育等理论"声"入人心，形成崇德向善、见贤思齐、重信守诺的新风尚。

（泰安市乐惠生态农业发展有限公司）

聚焦三项举措　倡树美德健康新生活

　　国网菏泽供电公司坚持把倡树美德健康新生活与构建企业文化紧密结合，深入实施"仁孝忠勇礼智廉俭"八大德育工程，大力选树"活雷锋""菏其美"榜样，厚植崇德向善沃土。

　　开展志愿服务，展现公益美德。针对菏泽市外出务工人员子女长期缺少有效监护和关爱等问题，自2013年开始实施"梦想花开"关爱农民工子女项目，采取闲物送人、义演义卖、结对帮扶、送安全进校园、"爱心妈妈"、金秋助学等形式，将关爱活动由个体帮扶逐渐转化为群体干预，用爱心照亮一座城、温暖无数人。该项目荣获全国学雷锋志愿服务"四个100"最佳志愿服务项目，公司现有全国向上向善好青年2人、"全国无偿献血奉献奖金奖"9人、中国好人6人、山东好人30人、道德模范93人，"好人现象"蔚然成风。

▲青年志愿者带领牡丹区沙土镇"希望小屋"儿童到供电公司电力调度大厅参观学习

发扬劳模精神，恪守职业美德。积极搭建竞赛调考、技能比武等平台，激励员工爱岗敬业、创新创效。"草根发明家"牛德成扎根一线，创新发明市级以上成果达100余项，荣获"全国五一劳动奖章"，并享受"国务院特殊津贴"待遇。省劳模王鑫萌精益求精、追求极致，斩获9次省公司及以上大赛冠亚军。6名同志响应国家号召，毅然援藏援疆，生动展现了菏泽供电人苦干实干的优良作风。涌现出156名市级及以上劳模、技术能手、首席专家，建成省级及以上劳模和工匠人才创新工作室5个，荣获首届"山东省全员创新企业"称号。

打造"温馨家园"，营造美德生活。坚持以职工为中心，着力建设有温度的企业，建立职工文体活动中心、职工多功能中心、职工书屋、"爱心妈妈小屋"等美德阵地，在公司门岗设立特色志愿服务站，服务来往市民。

▲国网菏泽供电公司组织青年志愿者到田间宣传麦收期间电力安全知识

针对高温严寒等恶劣天气，策划开展"夏日送清凉""迎峰度冬爱心送温暖"等活动，对施工一线员工实行"弹性工作法"，采取防暑降温、防寒保温措施，做到清凉度夏、温暖过冬。

（国网菏泽供电公司）

第 **3** 章

美德风采

聚焦感知认同，突出实践养成，用中华优秀传统美德扮靓"如此生活"场景，让"美景"润德于心，使"美德"触手可及，在润物无声中实现新时代美德健康新生活融入日常、化作经常。

生活场景

SHENG HUO CHANG JING

传递有爱　共护文明
一城大爱暖泉城·爱心集市

济南市将每周六定为"爱心集市"日，统筹各级各部门资源，提供专业化志愿服务，形成服务时间、服务地点相对固定的常态化服务模式。第一批在市内设立10处"爱心集市"，精准对接群众需求，每周六现场开展政策宣传、健康义诊、便民服务、民俗文化、儿童友好、暖心关爱、科普宣传、法律援助、科技助农、环境保护等形式多样的志愿服务活动。

▲ 济南市"一城大爱暖泉城·爱心集市"开市仪式现场

组织运行顺畅。市委宣传部、市文明办负责总体协调工作，各区县文明办负责"爱心集市"具体活动运行，成立"爱心集市"志愿服务队，指定专人做好组织管理、项目运行、志愿者及活动信息收集报送等工作。市直有关部门、各级文明单位积极组织志愿服务队伍，广泛参与"爱心集市"活动。

▲ 在爱心集市上，志愿者开展节能环保宣传

保障支持有力。设计统一标识，配套服务设施，广泛动员文明单位、爱心企业参与"爱心集市"活动，建立爱心协作机制，由爱心单位认领项目，给予人财物支持，为参加活动的志愿者提供必要保障。市文明办为爱心单位颁发奖牌，进行激励引导。

智慧平台赋能。每周二调度当周"爱心集市"活动内容，在爱济南、天下泉城、济南文明网等新媒体发布活动预告。利用"爱心集市"小程序，设置集市地图，方便群众查询信息，参与活动，实现智慧化管理。

（济南市委宣传部）

打造曲水亭街美德健康新生活示范街区

　　润德于心，成德于行。为塑造具有泉城特色的新时代城市品牌，济南市打造沉浸式美德健康主题示范街区——曲水亭街区，推出"德汇曲水·美美与共"新时代美德健康体验之旅，通过让居民游客更深入了解美德健康生活方式，探索美德健康内涵，不断提升美德健康生活方式的传播力和影响力。

　　外塑颜值，让美德健康随处可见。深度挖掘街区特色，以汉字为媒，将美德健康理念与社会主义核心价值观、精神文明建设结合，巧借"朴、志、泰、礼、美、孝、共、勤、廉、信、和、乐"等十二个美德健康主题汉字，以牌匾展现主题，以亭子下方的木雕展现相应典故内涵，亭子悬挂的灯笼则诠释汉字所展现的新时代美德健康生活

▲曲水亭社区开展"展国风　树文明　宣美德"主题活动

▲ 大明湖街道曲水亭街美德健康示范街区

方式。同时，在街上点缀以美德主题倡议提示椅，让市民游客在游玩、休憩的同时，了解美德健康，传承传统文化。

内修气质，让美德健康润心润行。为提高体验感，谋划推出"德汇曲水·美美与共"新时代美德健康体验之旅，以游戏形式引导体验者们深入探索美德健康主题汉字及其蕴含的美德典故，沉浸式感受、体验特色商亭的美德文化内容，加深对新时代美德健康生活方式的理解，为此后日日践行美德打开新的思路。

（济南市历下区委宣传部）

"文明实践号"上流动的
新时代美德健康新生活

　　2022年11月，市南区新时代文明实践中心联合城运控股公交集团联合开通了6辆"一路相伴"文明实践号公交车，把10米车厢打造成最暖文明实践点，让文明实践阵地流动起来，用不一样的方式倡树新时代美德健康新生活。

▲市南区"一路相伴"文明实践号开通启动仪式

　　在文明实践号上实现"随时学"。学在平时，学在日常。在"文明实践号"上呈现了党的二十大报告中的金句、美德健康生活俗语、学雷锋等学习内容，打造不同主题车厢，营造出让乘客抬头即可学习，上车践行美德的良好氛围。

在文明实践号上实现"讲美德"。讲故事、学美德。"文明实践号"上，文明市民、道德模范、学雷锋志愿者结合自身经历，或者身边好人好事为乘客进行宣讲美德故事。司机柳斌作为文明市民，先后

▲公交车上的流动课堂，大家学习党的二十大金句

为大家宣讲《驾车路上的小故事》《学雷锋志愿服务岗上的点滴》等内容，让美德故事在宣讲中"流传"，在路上深入人心。

在文明实践号上实现"帮出爱"。关注特殊群体出行，"文明实践号"上传承"让座奶奶"的优良美德，围绕"星儿"心愿秒杀活动、打造"爱聚蓝色星空"宣传车、推广"星儿"乘车引导牌，在公交车上大力倡导自律助人、孝老爱亲美德健康生活理念，让更多人以实际行动践行新时代美德健康生活方式，让新时代美德健康生活理念"流"向大众。

（青岛市市南区委宣传部）

"海誓山盟"婚礼殿堂：婚俗新风润山海

青岛市崂山区因地制宜建设了带有浓厚山海印记的"海誓山盟"婚礼殿堂，为爱"减负"，为幸福"加码"，用实际行动引领婚恋新风尚。

加强"1基地＋5阵地"阵地建设。以"海誓山盟"为主题，区一级打造婚礼殿堂基地和招募处，5个街道分别结合地域特色建设特色婚礼阵地，建设会场湾海岛特色婚礼殿堂基地、小麦岛文明婚礼招募处、云端观海平台等婚礼仪式场地，吸引众多新人前来旅游打卡，成为爱情文化的网红打卡地。

▲"海誓山盟"婚礼殿堂场地

提供"一站式＋全链条"文明服务。成立婚恋志愿服务队，将举办文明婚礼延伸到文明婚礼策划、文明婚俗倡导、幸福婚姻培训等一站式志愿服务，提供"相亲、求婚、婚礼仪式"全链条服务，目前已为116对新人举办主题多样化的婚礼仪式。举办爱情文化节、公益相亲会、享读爱情等系列活动160余场，惠及居民5000余人。

强化"新风尚＋新行动"品牌打造。 制作发布"海誓山盟"婚礼殿堂主题歌曲《缘在崂山》，在石老人、会场湾、巨峰等地相继举办文明婚礼，婚恋婚礼仪式简约时尚，倡树文明婚俗新风尚。邀请国家一级婚姻家庭咨询师、家庭教育指导师作"幸福婚姻"论坛宣讲，弘扬优秀家风家训。用崂山石雕刻"海誓山盟"心形石、爱情锁等婚恋文创产品，进一步增强了文明婚礼的美德印记。

（青岛市崂山区委宣传部）

▼青岛市新时代文明实践集体婚礼崂山区会场

探索"美德+信用"进景区新路径

　　淄博市周村区深化"厚道齐地　美德周村"品牌打造，积极探索"美德+信用"进景区新路径，打造"美景中有美德　经营时重信用"的优质景区新平台。

　　完善"美德+信用"进景区体制机制建设。起草《周村古商城"美德+信用"商户评选办法（试行）》，由区文明办联合9个部门单位对商户进行多轮赋分，最终评选出31个景区"美德健康新生活示范商户"，为推动"美德+信用"进景区常态化、长效化夯实机制基础。

　　完善"美德+信用"进景区基础设施建设。打造"美德小院"，将"好周到"志愿服务吉祥物、美德健康生活方式活动掠影等

▲美德校园内活动掠影墙

▲"强富美优、品质活力"幸福周村涵养线

主题板块纳入其中。瑞福祥、还金处、"今日无税"碑等11处景点成为新时代文明实践"美德+信用"景区宣传点。

完善"美德+信用"进景区宣传体系建设。以"小周老师"美德微课为引领，在景区宣传点讲述厚道诚信、守法经营、公平公正、开放包容、义以生利等人文道德理念。在景区大力开展经典国学诵读、传统民俗展演、向道德模范学习等新时代文明实践活动，推动美德健康生活方式转化为全年龄段人群的精神追求、日常生活和行为习惯，形成人人崇德向善、助人利他的文明风尚新习惯。

（淄博市周村区委宣传部）

"美德议事厅"促进乡风文明

　　遇事多商议，好事快落实。滕州市龙阳镇李沙土村创新美德信用建设应用场景，通过打造"美德议事厅"，与村民共商村庄发展"大计"，探索出了乡村治理的新路径。

　　"美德标准"议出来。 李沙土村将新时代美德健康生活方式、文明实践、移风易俗、矛盾纠纷化解等各项工作摆在"台面上"，丰富了"美德议事厅"的内涵与功能。村干部经常与群众聚在一起拉家常、话家事，对村里大小事务"评头论足"，既解决了乡村治理中的难题，也逐渐明确了美德建设的目标方向。

▲滕州市龙阳镇李沙土村美德议事厅全貌

　　"议定事项"用起来。 "美德议事厅"里确定的事项得到了大家的拥护和支持，很快落实在了行动上。村里为村民办理了信用存折，

▲滕州市龙阳镇李沙土村美德信用积分兑换爱心超市

热心志愿服务、参加文体活动、维护村容村貌等美德行为都被记录在册，可以在"信用积分兑换超市"兑换实物，让参与活动的村民真正得到了实惠。

"议事成效"展出来。"美德议事厅"的形象墙见证了美德建设的点点滴滴，志愿服务的热火朝天、身边榜样的典型事迹、文体活动的丰富多彩……都被定格成村民乐在其中的幸福瞬间，成为李沙土村一道靓丽的风景。

（滕州市委宣传部）

左邻右里"燕"火气汇集美德"大能量"

东营市东营区黄河路街道燕山社区聚力打造"商居融合共治"幸福共同体，围绕倡树新时代美德健康生活方式，多举措推动"服务就在家门口"理念落实落地，让居民得便捷享服务，实现"烟火气"中氤氲"文明风"。

提档升级美德健康服务驿站。 改造黄河·燕香里街区美德健康服务驿站，开展"一平方米行动""一小时公益行"等5大系列倡树活动，持续优化街区环境，在为商户和来往居民提供便捷服务、文明引导的同时，带动所辖商户形成"诚实守信、团结互助，健康向上"的美德风尚。

▲燕香里街区成为群众休闲娱乐的打卡点

▲ 为黄河·燕香里街区诚信美德示范商户授牌

　　整合成立红燕家社商居联盟。依托"燕山左邻右里"议事会、"美育课堂"等平台，常态化开展美德礼仪宣讲、健康知识科普等活动110余场，组建"燕小匠"新能人志愿服务队，优选美德诚信示范商户，拓展设置汽修、美容、医疗、家政等便民服务摊位，举办社区"淘宝"市集14期，持续推动居民和商户美德养成同质同标、物质富足和精神富有良性发展。

　　探索搭建"美德加油站"。推行美德积分制管理，964家商户和1700余户居民通过参与志愿服务、建言献策等活动获得积分，并兑换相应服务，在协同共赢中拉满美德健康生活方式"进度条"，实现家门口的"美德能量圈"，让文明新风走进千家万户。

（东营市东营区委宣传部）

"108海上渔歌"美德健康新生活展现场景

　　莱州市立足108公里海岸线资源优势，以新时代文明实践将海洋文化、渔家文化、善德文化、家风文化串联起来，打造"108海上渔歌"美德健康新生活展现场景。展现场景以金仓街道为主展区，涵盖仓东村、仓南村等10个村庄。

▲"108海上渔歌"展现场景文化墙

　　"108海上渔歌"美德健康新生活展现场景，"10"指文明实践十景，即以物（乡情馆、马坊灯塔）留史，以画（中国剪纸画、中国水墨画、中国印象画）留韵，以舞（十里渔鼓、百人秧歌、百人红舞）留印，以歌（渔家戏曲、渔家乡歌）留魂，唱响中国梦，传递渔家情。"8"指八大工作品牌，即围绕美德健康新生活，打造"舞台党课""一封家书""成长课堂""敲门大姐""文明花开""美丽庭院""点亮心愿""家门口宣讲"等品牌，每年开展活动500余场次，凝聚起村民崇德向善的社会新风尚。

▲开展"喜庆二十大"文艺展演

　　"108海上渔歌"美德健康新生活展现场景具有鲜明的地域特色。闻十里渔鼓，唱渔家乡歌，伴百人太极，蕴含了满满的渔家风情；看百年杨氏家训，踏百条仁义胡同，忆黑港口革命文化，展示了浓浓的胶东情怀；回顾百年海港灯塔、千年海防驿马，渔家乡情馆舍犹新，实现了渔乡振兴、渔业发展、渔民受益，带动108公里海岸沿线绽放新活力、筑梦新时代。

（莱州市委宣传部）

儿童文明实践广场美德健康生活方式
展示场景

　　烟台高新区儿童文明实践广场是全省第一个以儿童文明为主题的广场，占地4000平方米，按照"倡树美德健康生活方式"目标任务，总结出对儿童的文明素质基本要求，归纳为"文明行为基本规范""我的中国梦""我们的节日""学校里的文明礼仪""居家生活文明礼仪""公共场所文明礼仪""外出旅行文明礼仪""我们的地球家园"等8个主题。

　　整个广场以"OK鸭"为文明形象代言，创新设置8个文明素养小屋，以《儿童文明素养系列漫画》为教材，穿插布置景观小品秋千、

▼儿童文明实践广场

▲ 在广场定期举办的亲子活动

滑梯、攀爬架、足球场等游乐设施和各类主题公益广告，涵盖"社会主义核心价值观、讲文明树新风、关爱未成年人"等内容。

除此之外，山东省首家户外家长学校落户广场，亲子农场、亲子露营地等也已全面启用，同时增设儿童梦想空间、亲子书房、志愿小屋等。通过组建亲子志愿服务队和家庭教育志愿服务队，组织开展亲子读书会、亲子运动会、亲子农场劳动等系列志愿服务活动，以小手拉大手的方式将美德健康生活方式传递与儿童文明素养教育提升有机结合。

一年多来，共开展各类志愿服务活动200余场次，惠及儿童和家长10000余人，文明实践成效显著，取得广大市民的一致称赞。

（烟台市高新区委宣传部）

家庭教育主题馆培树文明新风

东平县东平街道史楼村以建设家庭教育主题馆为抓手，大力倡导尊老爱幼、夫妻和睦、勤俭持家、邻里团结等优秀传统美德，有效促进了新时代美德健康生活方式养成。

史楼村依托新时代文明实践站建设，将传统美德的传承教育融入村庄，融入群众的日常生活，在群众家门口建起了家庭教育主题馆，在文明实践广场新增了800余平方米的"家风"主题宣传画，以传统美德浸润村民思想。

▲走进家庭教育主题馆，映入眼帘的是"崇德治家　廉洁齐家　勤俭持家"的家风家训

史楼村家庭教育主题馆分为家庭篇、家教篇、家风篇、家书篇四个部分。家庭篇从"以和兴家、勤俭持家、善德惠家、明礼居家、爱国护家"五个方面展现了家庭教育的丰富内涵；家教篇又分成"言传身教、移风崇教、因材施教、择境而教、以德立教、以法为教"六个部分；家风篇主要讲述了"古代家训、红色家风以及家风家训格言"等家风故事；家书篇展现了东平当地古今家风家训和家书，汇集了大量的历史人物故事，浓缩了先人前辈的经验与智慧，充满了亲情与关爱。

在"讲好家风故事"的同时，该村将家庭家教家风建设纳入村规

▲讲解员正为前来参观的孩子们讲解历史上的家风家教故事

民约，在全村掀起了破除旧俗陋习、倡树美德健康新生活的高潮。近两年来，史楼村共推选出市级"文明家庭"4户，县级"好婆婆"7人，好"媳妇"15人，形成人人讲美德、户户比和谐的良好风尚。

（东平县委宣传部）

"美德号"公益列车带来美德健康新生活

为进一步倡树新时代美德健康生活方式，聊城市东昌府区新区街道中巨社区开通"美德号"公益列车，将志愿服务流动式摊位创新设置为"列车"，营造了轻松愉快的浓厚美德氛围，推动了美德健康新生活深入人心。

站点全覆盖，服务零距离。"美德号"公益列车以不同类型的志愿服务命名车厢，设置义剪、义诊、维修、IT智能、手作等服务项目，开往各小区站点，让社区居民群众免费搭乘，目前已有6个站点。考虑部分家属院小区规模小且服务场地有限，社区便在集中区域设置大站点，辐射带动周边小区。

▲"美德号"公益列车站点全覆盖，服务群众零距离

车厢责任制，服务有保障。"美德号"公益列车由社区书记任"列车长"，社区工作者担任"乘务员"，社区阳光社工整合各车厢志愿服务资源，在节庆假日开展志愿服务，乘务员会收集居民的服务感受，通过整理台账的形式让志愿服务开展提质升级。列车对经常搭乘的"乘客"建立档案，开展精细化、定制化、个性化服务；针对高龄老人和行动不便的乘客，车厢志愿者还会开展1对1服务，让服务更优、更有保障。

▲"美德号"公益列车车厢责任制，义诊服务更有温度

　　站台有标识，服务有温度。社区联合辖区"信得过"商铺在列车站点绘制"红橙黄绿青蓝紫"七彩站台、七色车厢，让群众精准快速地参与志愿服务。"美德号"公益列车提供的是精准服务，搭建的是居民和社区的连心桥，在潜移默化中提升了居民对社区的归属感，强化居民的主人翁意识。

（聊城市东昌府区委宣传部）

大白哥哥护航中心美德场景

　　临清市大白哥哥护航中心既是集专业办案、法治宣讲、帮教矫治、综合保护、犯罪预防于一体的未成年人综合保护教育基地，也是我市广大中小学生倡树新时代美德健康新生活的重要场所。护航中心面积600平方米，分为五大场所，搭建了高标准的视频连线互动系统，建设了实景少年法庭、家庭教育检察工坊和"雨巷工作室"等美德应用场景，有针对性地为未成年人进行实景体验和心理疏导提供服务。

　　*实景少年法庭*设有青少年版的法官、检察官、律师、司法警察的制服及道具，让学生通过现场模拟法庭形式，以案例说法、事实说法，通过亲身体验诉讼程序，让学生零距离感受法律的威严，将理论知识与司法实践有机结合，达到学法、知法、守法和用法的目的。

▲研学学生与"大白哥哥"在护航中心展厅合影留念

▲孩子们和"大白哥哥"的助理小白愉快地交流

　　家庭教育检察工坊立足涉案未成年人、失管未成年人和预防性家庭教育指导工作，设置谈心谈话区、宣告训诫区、心理疏导区、亲子互动区、影音学习区、职业规划区等多个功能区域，让亲子间在放松享受共处时光中化解亲子冲突、改善亲子关系。

　　雨巷工作室设置了沙盘游戏区、发泄区，对提高青少年自信心、完善自我性格、提高人际交往技巧、宣泄消极情绪、释放压力有着重要的作用。剧本杀让孩子们既是裁判又是引导者，在激情剧本故事中亲身感受，锻炼自己的逻辑思维能力和社交能力。

（临清市委宣传部）

小茶社里凝聚倡树美德大能量

  曹县侯集回族镇王花楼村打造了集理论宣讲、村民议事、民意收集等功能于一体的美德阵地"百姓茶社"。茶社里，村民们议事说理、交流学习、休闲娱乐，一杯茶"喝"出了温馨的味道和美德的力量。

  搭平台立制度，"小茶社"变身"新阵地"。 整合村内闲置土地，建设"百姓茶社"，配备茶叶茶具、报刊书籍等设施，推选村内志愿者、党员、群众代表担任理事，制订活动计划，做到周周有活动、月月有主题。旧时废弃闲置的"老场所"，变成为议事、娱乐、学习的美德"新阵地"。

  百姓讲百姓听，"小茶社"化身"大讲堂"。 吸纳志愿者、明理热心人、先进典型、党员等宣讲骨干，开展理论宣讲、政策解读等宣讲活动，以群众愿意听、听得懂的方式宣讲党的理论政策、法律法

▲文艺志愿服务队志愿者在百姓茶社内排练舞蹈

▲在百姓茶社内组织开展《习近平谈治国理政》第四卷学习宣讲活动

规等。茶社自"开业"以来，累计开展各类主题宣讲活动60余场次。

增引擎强融合，"小茶社"推动"大治理"。探索"茶社+"发展模式，与移风易俗、文明实践、文明创建、美德信用等工作深度融合，常态化开展"五为志愿服务""四德模范人物评选""美德分享会、读书会"等各类活动，通过在茶社内交流谈心的方式化解矛盾纠纷20余起，调处成功率达100%。

（曹县县委宣传部）

统筹推动文明培育、文明创建、文明实践，深化新时代新礼仪改革，加强美德诚信建设，守正创新，打造一批接地气、有活力、可持续的特色品牌，激发倡树新时代美德健康新生活的内生动力。

特色品牌

TE SE PIN PAI

构建"1234"工作模式
打造"如此生活美淄淄"美德倡树品牌

淄博市按照"1234"工作思路，积极打造"如此生活美淄淄"美德倡树品牌，推动倡树美德健康新生活落地落实。

▲淄博市召开美德健康新生活暨美德信用现场推进会

明确一个核心。坚持以广泛践行社会主义核心价值观为核心，始终牢牢把握倡树新时代美德健康新生活的正确政治方向、价值取向和舆论导向。

用好两种途径。让美德融入生活，实施"一座最有爱的城市"十个一工程，引导群众从日常生活中的点滴小事做起，以美德为准则来规范自己的行为。让美德成为制度，创设"有爱指数"测评体系，让看不见的文明素养变成看得见的好习惯。

搭建三大平台。搭建宣传平台，采取"线上+线下"相结合的方式，通过全媒体、全口径宣传展示，形成"听、读、看、讲"四位一体的"美德云"宣讲传播体系。搭建实践平台，通过"梦响淄博·千愿成真""明德齐语"等实践活动，让人们亲身体验和实践美德。搭建交流平台，举办线上美德大讨论、美德创意大赛座谈会等活动，让人们在交流中分享自己的道德感悟和实践经验。

　　打造四种场景。"美德+信用"场景，推行美德信用积分制，让更多有"德"者有"得"；"美德+文创"场景，推进文化"两创"，举办美德健康新生活·新市集，设计推出50类500余件美德创意日用产品；"美德+教育"场景，发布"齐思政"全环境立德树人云平台；"美德+志愿"场景，深化"五为"志愿服务，让"人帮人、户帮户，我为人人、人人为我"成为全市上下的文明风尚。

（淄博市委宣传部）

▲淄博市美德健康"新生活·新市集"创意作品展

"菏相悦" 探索美德倡树新载体

为大力倡树新时代美德健康新生活，搭建好青年志愿者沟通交流的新平台，菏泽市文明办创新推出"菏相悦"文明实践志愿服务项目。菏相悦："菏"即菏泽，"相悦"是指人与人之间达到相互接纳、理解、和睦的状态。

探索形式，创新活动载体。紧密结合志愿者需求，以重要时间节点、气候特点等为契机，创新策划出圆桌分享会、"行走式"科普宣讲等创意性强、时尚新颖的活动形式，邀请高校教师、行业内专家、文艺骨干等授课指导，以"娱乐式""互动式"活动，激发志愿者的参与兴趣与热情。

▲"菏相悦·花田话美德"菏泽市美德健康新生活圆桌分享会

▲举办"菏相悦·曹州本草"植物科普文明实践活动

　　筹联动，发挥合力效应。市级层面，市文明办相继开展"植此青绿　美丽菏泽"植树、"菏相悦·曹州本草"植物科普活动、"菏相悦·花田话美德"等创意性活动，市直各单位策划开展美德分享会、读书会3000余场次；县区层面，积极将本地特色与美德健康新生活相结合，相继在玫瑰花田、浮龙湖花丛畔等美丽场景中持续开展"菏相悦·花田话美德"创意活动，创新探索出非遗体验、户外音乐会、露天影院、美德分享会等载体。

　　加强宣传，提升培育质效。创新宣传形式，深度挖掘活动亮点、特色，制作出一批短视频、创意海报、特色展板等优质宣传物料，在各级文明实践阵地进行线下推介，省、市、县多级媒体平台宣传报道，提高了"菏相悦"项目的影响力和知名度，在全社会形成愉悦融洽的志愿服务氛围。

（菏泽市委宣传部）

道德信用社引领居民
"文明储蓄"新风尚

近年来，青岛平度市在全域推动道德信用社建设，倡树节俭绿色、共建共享的新时代美德健康生活方式。

聚合资源做"本金"，筑牢美德信用发展基础。运用政府支持资金、新乡贤助力资金等途径作为道德信用社启动的"本金"，"道德储户"可以凭借道德积分在信用社内兑换到生活物资、服务、闲置物品使用权等。"服务—道德币—商品或服务"的模式调动了群众参与志愿服务、弘扬美德健康的热情。

拓展场景扩"市场"，丰富美德信用活动应用。创新尝试将道德信用社"存储兑"触角向自律助人、节俭绿色、共建共享等多领

▲平度市道德信用社储户排队用信用积分兑换心仪的商品

域延伸。新河镇结合2023年设立的"诚信示范街"扩大宣传效应、打造良好村貌；联合多所校园分行开展"小手拉大手"活动，在道德信用社开辟"闲余流通"

▲平度市道德信用社统一印制的各类惠民奖券

区，让学生体验志愿诚信利他、倡导践行绿色节俭生活带来的乐趣。

弘扬新风增"业务"，提升美德信用影响力。道德信用社管委会动态调整道德币和"五为""五聚"活动的兑换比率，用"汇率"手段增加美德信用服务权重。在新河镇，细化道德信用社"五美"指数，让"道德行为"有据可循、量化具体化，新增的"捐赠闲余物品"项、二维码兑换实现了道德信用社系统数据实时更新、高效集成；制作"召集令"海报，营造生动宣传氛围。截至目前，全市已有5万多名群众成为道德信用社储户，美德信用蔚然成风。

（平度市委宣传部）

巧娘手工坊　美德传承你我他

　　沂源县南麻街道怡康社区创新实施了"巧娘手工坊"项目，通过发扬传统技艺，展现和推动形成适应新时代要求的思想观念、精神面貌、文明风尚和行为规范。

　　打造巧娘品牌。"巧娘手工坊"邀请非遗传承人、"针玩团队"主理人左新玲为指导老师，广泛吸纳手工爱好者、下岗女工、居家妇女等群体为成员，通过定期教学、志愿服务、产销培训等方式，形成了"产学训创美"联动发展新模式，将"巧娘手工坊"打造成为"传播文明、传承技艺、增收就业"的特色美德品牌。

▲ 巧娘们正在纳鞋垫

　　传播文明新风。"巧娘手工坊"提供修改衣物、更换拉链、熨烫衣服等服务，其中65岁以上老人、残疾人、孤寡老人、退役军人等不收费，其他人员收取的基本手工费均用于社区公益。"巧娘手工坊"还定期将手作玫瑰花、帽子、围巾等送到困难老人、残疾楼长等弱势群体家中，用实际行动传播文明新风。

打造共富阵地。"巧娘手工坊"提供了学习技艺的平台，创新开设"抖音"线上直播教学模式，实现"线上+线下"多种方式进行手工技艺教学。同时，注册"巧娘手工坊"拼多多店铺、抖音商城店铺，学员们可将自己的作品挂到线上店铺售卖，打通了巧娘手造销售的"最后一公里"，让社区妇女利用碎片时间实现增收致富，将"指尖技艺"转化为"指尖经济"，为妇女群众打造了共富新阵地。

（沂源县委宣传部）

▲巧娘们正在进行钩编培训

德邻客厅
让美德健康新生活成为风尚

　　高密市醴泉街道西关社区聚焦倡树美德健康新生活，以"德邻客厅"服务品牌为依托，开展"美德+志愿""美德+信用""美德+文明"等"美德+"系列活动，为新时代美德健康新生活赋能。

　　"美德+志愿"，让社区治理活力加倍。选聘"全国文明家庭"吴宗海、尉迟衍玲夫妇在内的69名社会贤达轮流做客"德邻客厅"，开展未检学堂、智慧养老、"乐享邻里"公益集市等"五为"文明实践志愿服务48场次，受益居民9000余人次。定期举办百姓学堂宣讲，传承和弘扬中华传统美德，形成向上向善的社区氛围。

▲"乐享邻里"公益集市活动现场

"美德＋信用"，让正能量拥有大流量。 以"德"引领，以"信"筑基，开展评选文明诚信商户、企业活动，以"身边人感召身边人"来弘扬正能量，打造文明诚信商业一条街，推进美德信用在西关社区根深叶茂。

▲"德邻管家"在德邻客厅议事

"美德＋文明"，加持文明城市创建。 德邻管家实行"每日步巡工作法"，将群众诉求、发现问题通过手机APP终端反馈到"德邻客厅"信息收集平台进行集中处理，切实解决辖区居民的"急难愁盼"。每周六开展"共享音韵、悦动西关"全民健身活动，老中青幼不同年龄段居民踊跃参加，营造了活力健康、拼搏向上的良好氛围。

（高密市委宣传部）

儒风婚尚·缘定圣城

曲阜市深挖儒家文化资源优势，把深化新时代新礼仪改革作为倡树新时代美德健康新生活的重要抓手，以"三性"促"三共"，打造"新中式婚礼"样板。

▲举行新时代中式婚礼，赠新人家风家训

植根民族性，凝聚婚俗改革共识。坚持协调推进，成立由市委书记任组长的新礼仪改革工作专班，实现"党政主导、社会协同、公众参与"。激活源头活水，邀请曲阜师范大学等高校专家学者调研论证，征求社会面建议82条，融入文化基因。强化示范带动，首批选取鲁源新村等文化"两创"示范点开展试点，在全市逐步推开。

立足时代性，激发价值理念共鸣。师古而不泥古，从周制、汉制等古典婚礼中汲取精华，形成新中式婚礼样板化流程，实现与时俱进。通俗而不媚俗，创新展示形式，在服饰、布景上融入"龙凤呈祥"等美学元素，设计登喜堂等"新婚九礼"，打造"饮醴合德"等特色环节，实现美而不奢。简约而不减爱，淡化金钱元素，互赠独具传承性、体现爱情印记的礼物，实现简而不陋。

着眼社会性，引领文明新风共为。打造"为爱护航"阵地，依托126个美德健康"文明礼堂"，免费承办新中式婚礼78场。建设"为爱加分"队伍，将新礼仪改革纳入红白理事会章程，创新"文明迎亲队"等品牌，"志愿红"与"文明美"相得益彰。开展"为爱喝彩"活动，开展"儒风婚尚·缘定圣城"集体婚礼，108对新人用"新婚礼"弘扬"新风尚"。

（曲阜市委宣传部）

▲在七夕佳节举办"儒风婚尚、缘定圣城"新时代中式集体婚礼

天衢街道"宝贝集市"热闹开市

"宝贝集市"烟火气，倡树美德润人心。德州市德城区天衢街道通过开展"宝贝集市"活动，引导孩子践行绿色环保节约的理念，推动美德健康新风深入人心。

知识培训明环保。活动以2至8岁的儿童为招募对象，2天内共招募约30个小摊位。开展2日线上培训，通过线上视频，指导"小摊主"学习如何摆摊，制作店铺牌，认识钱币，确定价格，了解市场知识和绿色生活的意义。

▲小朋友在宝贝集市跳舞

循环利用助节约。通过闲置物品"再上岗"，让孩子体验当"小掌柜"的乐趣。鼓励孩子自主设计、筹建、经营小摊位，为每一件玩具、书籍、手工作品等闲置物品标上合理价格，引导孩子设计宣传标语、广告词，商品如何摆放陈列等。

▲ 宝贝摊位小摊主在砍价

　　自由买卖树诚信。鼓励孩子通过热情吆喝吸引顾客，积极为顾客介绍产品、定位价格，通过物品买卖的社会情境锻炼孩子的社交能力，培养诚实守信的可贵品德，让新时代美德健康新生活蔚然成风。

　　"宝贝集市"活动不仅提升了孩子们的社会交往能力、独立自主能力，也让孩子们学会了关爱和节俭，用实际行动切实践行绿色、环保、节约的理念。

（德州市德城区委宣传部）

弘扬社会主义核心价值观，用实际行动诠释"自律助人、孝老爱亲、诚信利他、节俭绿色、共建共享"的新时代美德健康生活方式，以"身边人"视角讲好美德故事，推动"小家"串联"大家"美。

身边故事

SHEN BIAN GU SHI

公交车上的"一元欠条"

　　2022年6月，青岛真情巴士K23路公交车上发生了有爱的一幕：夜晚时分，小学生刘栩铭独自乘坐公交车去找妈妈，但上车打卡时学生卡响起了"余额不足，请及时充值"的提示音。刘栩铭身上没有带零钱，尴尬地转身想要下车时，细心的驾驶员崔慧发现这一情况，轻声叫住了她："小朋友，请上车坐好吧。"闻声，刘栩铭一边谢过善良的驾驶员阿姨崔慧，一边找座位坐好。刘栩铭看着驾驶员阿姨拿出一张公交卡帮助自己支付了一元车费，便从作业本中撕下一页，写下了一张"欠条"，内容为"很遗憾公交卡没钱了，K23路公交车阿姨帮我付的钱，感谢。"下车时，刘栩铭将"欠条"交到了驾驶员崔慧手中，并敬了一个少先队礼，表示感谢。

▲刘栩铭向驾驶员崔慧赠送公交卡

回家后，刘栩铭将这个温暖的故事写进了自己的日记本里，并告诉了妈妈周女士。母女二人感动于崔慧的热心帮助，商定用刘栩铭的零花钱充值了一张100元的公交卡赠送给了崔慧，希望像崔慧一样传递爱心，可以帮助更多有需要的人。周女士说："驾驶员的暖心举动在孩子的心中埋下了一颗温暖的种子，让她感受到了社会的温暖，也学会了感恩。我也希望我的孩子能够用自己的温暖去帮助别人。"

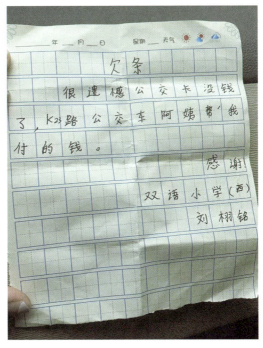

▲刘栩铭同学留下的欠条

崔慧与刘栩铭的暖心互动先后被《人民日报》、新华社、央视新闻、共青团中央、全国妇联等百余家权威媒体和单位报道，在全国引发了强烈反响。

（青岛市西海岸新区）

一碗"爱心面" 温暖一座城

2023年1月，一则《一碗"爱心面" 温暖一座城》暖心故事受到山东文旅频道和齐鲁频道相继点赞，故事的主人公就是济宁市兖州区西北店村民卞美丽。

卞美丽经营这家森林餐馆已有十几年，餐馆因价廉物美，服务周到，颇受顾客欢迎。对不少顾客而言，这是一家暖胃的餐馆，更是一个暖心的场所。当有人饥肠辘辘却遇到经济困难时，便可以进店免费吃碗面；当环卫工人、外卖小哥渴了累了时，可以进去喝杯水、歇歇脚。

"免费吃面"的初衷源于半年前的一件小事。一天晚上，店里的顾客渐渐散去，一位大哥刚下火车，手机丢了，身无分文，因为太饿

▲餐馆门口"免费吃饭""免费开水"的牌子十分醒目

又不好意思进店，在店外徘徊了许久。了解情况后，卜美丽立即围上围裙，走进后厨，不一会儿，一碗热腾腾的肉丝面出锅了。卜美丽看着大哥个头挺高，怕他吃不饱，又给他做

▲炎炎夏日，卜美丽用心为客人做好每一道菜

了些炸串，大哥吃完后，连连道谢后才离开。也正是这次偶然，卜美丽便萌生了提供"免费吃饭"的想法。作为土生土长的农村人，也曾有过打工经历的她更懂得生活的不易，也能体会遇到困难碍于面子不好意思寻求帮助的窘迫。卜美丽说，一顿饭对她来说不算什么，能给需要的人带去一点帮助。

人间烟火气，最抚凡人心。一份份热气腾腾的面是爱心、是感动、更是温暖，是卜美丽温暖的善举，更是爱的彰显。她以实际行动将涓涓细流的小善汇聚成同舟共济的大爱，将爱心传递，让温暖永恒。

（济宁市兖州区）

不顾生理期冰湖救人

"我没事""我年轻""我会游泳"……2023年新年伊始，张鑫圆的名字在网上被6亿人所熟知，而这背后却是一段让人泪目的感人故事和一座充满爱的温暖小城。

▲张鑫圆日常工作照片

2022年12月31日，张鑫圆和家人在公园散步，突然听到急促的呼救声，跑近一看是一位老人落水了，只有头部还露在水面上。张鑫圆不顾生理期，踩着冰面冲到老人落水处进行救助，在奋力拖拽时，冰面突然破裂，张鑫圆掉进了水里，顾不上冰水的刺骨寒冷她奋力拖拽着老人向岸边游去。

此时，岸边的群众也拿起了救援竹竿参与施救，合力将老人施救上岸。上岸后的张鑫圆浑身湿透，头发和衣角上结了冰，脸被冻得发青、嘴唇发紫。那个跨年夜，张鑫圆是在高烧中度过，她英勇救人的故事在网上流传，获得了超10万条的评论与超6亿次的播放量，新华社、《人民日报》等近百家媒体报道转发她的事迹。

也许在听到呼救声的那一刻，张鑫圆并没有去思考生理期的自己是否可以下水，也并不知道她是否有力气把落水老人救上岸，但她却并没有半分迟疑，义无反顾地冲下去，这位充满正义感的"90后"乳山姑娘勇敢地向陌生人伸出援手，她心之向善的本能选择，温暖了那个寒风刺骨的冬天，也温暖了太多人的心，同时还带动了更多"张鑫圆们"用行动书写乳山这座文明城市。

（乳山市）

▲张鑫圆参加"中国好人榜"发布仪式照片

拾金不昧诠释实诚本质

▲王仲田整理废品装车现场照片

王仲田平日以收废品补贴家用，2023年4月9日中午，外出收废品的王仲田刚由岚山西路拐到玉泉三路，就发现路边草坪上有一个女士挎包。他捡起来打开一看，几叠百元现金和一部手机静静躺在包内。

"这是谁的包？"王大爷一边大声喊着，一边四下张望寻找失主。恰逢午休，路上虽车来车往但行人稀少，等了好久也无人应答，没带手机的王大爷，想把包送去派出所，又担心失主找来，只好守在街头，等着求助路人帮忙报警。过了好一会儿，下班的王蕾大姐骑车路过，在大爷说出原委后，王大姐拨打了报警电话。

安东卫派出所民警立即赶到现场，经民警清点，包内共有人民币现金77000元。民警一边联系调取监控，一边走访寻找失主，一位群众看到警车，上前向民警反映，不远处的路口有一位女士丢了包，正急着找包呢。民警一路小跑找了过去，在跟找包女士核对包内物品后，确认她正是失主，抱着失而复得的挎包，女士感动不已，连连向大家表示感谢，大家都说："多亏了王大爷！"

▲ 王仲田和热心群众捡包还失主现场照片

王大爷摆摆手，笑着说："物归原主，我的心就踏实了。"

7万多元，对于靠收废品每天收入30元的王仲田来说，要不吃不喝7年多才能赚到这些钱。但面对"飞来横财"，王仲田却从没想过据为己有，他用自己的一次选择，立起了诚信的丰碑，更充分诠释了实诚日照人的形象。

（日照市岚山区）

最美"舳舻"上演海上"生死营救"

2022年10月9日中午12点，在岚山头童海渔港，鲁岚渔61012、鲁岚渔61705、鲁岚渔60061三艘渔船顺利靠岸，和他们一起平安归来的，还有来自外省的3名船员。

8日晚8点左右，外省渔民詹永春的渔船在111-1海域遭遇突发状况，船体瞬间翻扣，船上的三人落入海中。9日早上6点，岚山的3艘渔船驶入事发海域时，只见三人趴在倒扣的渔船底板上，在海浪中若隐若现，等待救援。此时，距离三人遇险已经过去了10个小时。

▲岚山区渔民救援外省渔民詹永春等三人

发现遇险人员时，岚山的三艘渔船正在拖网作业中，人命关天的时刻，三艘渔船果断放弃价值上万元的网具和鱼货，立即起锚，加大马力、全速赶往出险海域。渔船长迅速指挥船员放出救生衣和救生圈，因当时天还未全亮，加上海上风大浪高，历经了一个小时的救援，三名落水人员最终获救。

"非常感谢山东渔民在海上救了我们，救了我们三个家庭。"死里

▲ 被营救的三名外省渔民平安上岸

逃生，面对救命恩人，三名获救渔民不停地说着感谢。回港后，岚山区渔业协会为其准备了军大衣等衣物，让他们再一次得到"岚山温暖"。

"无惧无畏、有情有义"的渔民精神，滋养了一代又一代岚山渔家儿女，危难关头挺身而出赋予了"实诚日照人"更生动的释义，人人崇德向善、助人利他的美德故事还继续在岚山大地上不断上演……

（日照市岚山区）

"山东四兄弟"走街串巷
为留守老人免费做午餐

　　在聊城市冠县，有这样一个爱心团队，自2022年7月开始，他们开着满载锅碗瓢盆和各种食材的厢式货车进村，请留守老人免费吃午餐。这个爱心团队有个响当当的名字，叫作"山东四兄弟"，指的是聊城市冠县梁堂镇胡史村的殷丙信、殷丙旺、殷丙超、殷丙冠，他们是一母同胞的亲兄弟。

▲"山东四兄弟"准备爱心餐，殷丙信正在起锅烧油

　　2022年7月，殷家四兄弟萌生了为村里留守老人做爱心餐的想法，四人一拍即合，便组建了"山东四兄弟"爱心团队。从他们自

己村出发干到现在，已经免费为全县80余个村庄约500名空巢老人、生活困难群众送去热腾腾的"爱心餐"。"我们也是来自农村，也深切地知道村里的老人需要关怀和关心，看到老

▲ 梁堂镇胡闫村志愿者自发到活动现场帮忙

人吃饭时露出的笑容，我们觉得再辛苦也值得！"殷丙信说，他也希望能带动越来越多的人关心关爱老年人。

　　"老头子，刚才大喇叭喊话说'山东四兄弟'今天到咱们村来，一会我拉着你去新时代文明实践广场吃好吃的！"每到一村，除了看到殷丙信兄弟四人分工协作之外，本村的新时代文明实践志愿者也积极参与其中，共同为老人们准备着中午的美餐。腾腾的热气里看得人垂涎欲滴。虽说是大锅菜，但兄弟四人也花费了不少心思，排骨、鸡块、红烧肉、酥肉……不同肉食轮流搭配各类蔬菜，受到了老人们的强烈赞赏。"饭菜很好吃，对我们老年人来说，真是一件非常实惠的事儿！"梁堂镇菜庄集村老人赵丹芳说。

（冠县）

挖掘"美德之星"蕴含的精神特质，引导广大公民自觉把个人价值融入时代要求，不断擦亮"美德山东人"形象，为建设新时代社会主义现代化强省提供强大精神力量和道德支撑。

美德之星

MEI DE ZHI XING

用生命点燃公益之火的"孤勇者"

关爱特殊群体、资助贫困儿童、帮助偏远地区孩童、灾难和疫情面前捐款捐物、冲锋一线……他是身患癌症却始终在无私奉献的"好人郭大哥",更是公益路上笃行不辍的领路人。

自汶川地震捐出万元善款开始,郭俊杰就此走上了公益之路。这是老郭生命里第一次"转身",从一个淳朴善良的"热心人"变身投身公益的"志愿者",而这一"转身"就是15年。

▲郭俊杰关爱慰问老年人

在为志愿服务事业挥洒热血和汗水的过程中,众望所归的郭俊杰当选崂山区志愿服务协会会长。他先后组建了近10个专业志愿服务队伍,发展73家爱心企业,指导92个志愿公益项目,凝聚4.8万名志愿者,开展1600场志愿活动,覆盖崂山区所有社区,受益者十几万人

▲ 郭俊杰在青岛冰心奖儿童图书馆开展关爱孤独症儿童绘画观影活动

次。从一个单打独斗的"志愿者"变身为公益事业的"带头人"，这是老郭生命里第二次"转身"。

　　然而，郭俊杰在2021年被确诊癌症。但病痛却阻止不了他在公益路上的步伐，仍保持着全年无休的"随时待命"状态，绘制爱心墙、打造"青少年志愿服务活动基地"、成立崂山区志愿服务协会街道分会……从公益"带头人"再一次变身为不畏生死的"孤勇者"，老郭的第三次"转身"让他成长为一名"抗癌斗士"，并获评2022年度"山东好人"、山东省学雷锋志愿服务"四个100"先进典型、感动青岛"道德模范"。

（青岛市崂山区志愿服务协会）

用心守护生态绿洲

生态兴，则文明兴。出生于崂山脚下的徐立强自幼有颗守护野生动植物的初心，如今他为生态文明建设作出重要贡献。

美丽自然，用心呵护。 在城阳区野生动植物保护站里有许多"养伤"或"暂居"的野生动物，徐立强像一名"大夫"，在救护、治疗、饲喂过程中与动物产生了情感上的共鸣。近年来，他和队友累计收容、救护野生动物超过 1500 只，制作并在崂山西麓、胶州湾畔湿地等区域悬挂 1.3 万余座人工鸟巢。被救助的野生动物有了"家"，可他自己却辞了工作、卖了房子，他觉得为了生态保护，一切都值得。

▲徐立强正在为孩子们科普野生动植物知识，保护身边的绿水青山

从一个人，到一群人。后来，徐立强成为青岛市美德健康新生活宣讲团的宣讲员，联系50多所未成年人生态道德教育示范学校，讲授野生动植物保护知识，开展"青岛为鸟安家"行动，还发起青岛市首届珍稀野生动植物生态保护科普巡展。在他的影响带动下，野生动植物保护协会的志愿者达到5000多人。

自然之美，生命之美。在生物多样性调查时，徐立强发现白沙河与胶州湾海河交汇处11座河心岛被开荒种植、人为侵占，影响候鸟迁徙繁殖和周边环境。他与团队开始了生态修复工作，众筹购买植物种植，为克服盐碱地难题，带着熟土进行人工种植。如今，河心岛草木葳蕤、郁郁葱葱，被称为"青春鹭岛"。

▲徐立强在联合国《湿地公约》第十四届缔约方大会上发表讲话

2022年11月，徐立强受邀参加《湿地公约》第十四届缔约方大会，其工作经验备受全球关注和好评。

（青岛市城阳区野生动植物保护协会）

孝老爱亲"奎文大姐"

吕峰，作为一名退休党员干部，她不忘发挥余热，一直热衷养老事业，用实际行动践行了孝老爱亲的传统美德。

2022年以来，吕峰按照"专业化发展、项目化运营、精细化服务"思路，打造"七彩桑榆、颐养益寿"为老服务品牌，形成了党组织为龙头、党员先锋为示范、社会力量广泛参与的养老模式。她用专业的服务理念和恪尽职守的工作态度，用心用情关爱呵护养老服务中心里的90位老人。

▲吕峰院长与老人们一起做手指操

为丰富老年人的生活，她引入"爱传递"义工、"好儿女"志愿服务队、沙宣理发服务队、"尚德公益"等多个志愿服务队伍，为老人提供文艺演出、智能手机培训、理发、餐饮、陪聊等志愿服务，积极倡树孝老爱亲传统美德。她还对接医疗资源长期开展"上门送诊"服务，满足老年人看病就医"足不出户"的需求，做好老年人全方位护理。

▲ 吕峰院长与养老服务中心的老人们拉家常

　　吕峰用至亲至爱的博大爱心，把自己服务过的308位老人当成自己的父母一样去关爱照料。真诚会被传递，善良会被复制。吕峰用真爱勾勒出了倾注与赋予的光环，她个人也先后被授予"全国孝老之星""山东省劳模""齐鲁和谐使者"等荣誉称号。

（潍坊市奎文区益寿堂养老服务中心）

黄河滩上，每天10公里的环保路

　　一个手提袋，一个抄网，一个瘦削的身影，每天都会出现在梁山县赵堌堆乡的黄河滩上。家住黄河滩区迁建社区的马文稳是一名返乡创业的"80后"，自小在黄河岸边长大的他对黄河有着特殊的情愫。当回到家乡后，经常看到被冲上岸边的饮料瓶、塑料袋，把洁净的黄河岸滩弄得一片狼藉，他心急如焚。自此，他便开启了他每天10公里的"净滩"路。

▲马文稳带领志愿者开展"黄河净滩　彩虹行动"

　　当每天风雨无阻地坚持，但收效甚微后，他认识到，一个人的力量是有限的。于是他发动社区里的返乡青年、热心人士组建了"彩虹志愿服务队"，每周组织志愿者到黄河岸边捡拾河滩垃圾、清理河道杂物，开展"黄河净滩　彩虹行动""黄河岸边是家乡"等环保活动。

在他的带领下，清理黄河滩的一个人变成了一群人。

他还开设了"黄河大讲堂"，邀请环保专家、群众名嘴定期在社区、周边学校、黄河岸边为青少年讲述黄河文化、宣传环保知识，教会"黄河娃"从小树立环保理念，学会从小事做起，从身边做起，用力所能及的实际行动，参与到"母亲河"的生态环境保护当中。

如今，马文稳的彩虹志愿服务队已经发展到230余人，越来越多的志愿者利用周末、节假日，带着孩子到黄河滩参与志愿服务活动，以实际行动把节俭绿色理念、爱护黄河意识根植到每个孩子的心中，让生态文明的种子在黄河滩区开花结果，让新时代美德健康新生活在黄河浪潮中涌动。

（梁山县赵堌堆乡彩虹志愿服务队）

▼彩虹志愿服务队在黄河滩日常开展"黄河岸边是家乡"环保主题活动

身残志坚　诚信闯出致富路

▲马永海正在精心加工鱼钩

1981年出生的马永海自幼患先天性小儿麻痹症，双腿无法行走，属于一级残疾。但他积极乐观，有一股不服输的精神，他经常说："我是残疾人，但不是废人，爹娘没有白养我！我自己能赚钱，还要带着十里八村的残疾

▲马永海正在指导工人加工鱼钩

人都富起来。"

1997年7月，马永海利用自家院子干起建材生意。家门口就是公路，他买了辆三轮车送货上门。有时客户急用，刮风下雨也按时送到。他还先后开过网店、搞过养殖，有成功，也有失败，但他从不气馁，还把经验分享给村民，成为村里的养殖带头人。

2018年3月，在镇残联的帮助下，马永海成立新泰市永鑫鱼钩工艺品加工厂，规模由最初的几人发展到如今的百余人，工人工资也由最初的几百元提高到现在的几千元，还为15名残疾人家庭提供了就业机会。虽然有时回款不及时，但他从不拖欠工资。他说，只有说话算数、讲诚信，附近的村民才能相信自己，这些和自己一样的残疾人才能信任自己，企业才会越来越好。

（新泰市石莱镇崔家庄村）

光影中的为民初心

"大伙儿们，来看电影了！"75岁的李增美每周都在村广播、微信群里"喊"。李增美是引马镇文化站退休干部，一名老党员，也是美德健康生活方式志愿服务队志愿者，如今，他又多了一个新的身份——"农村放映员"。

为倡树新时代美德健康新生活，丰富广大群众文化娱乐生活，引马镇营子村党委会用村集体收入购置电影设备，为广大居民免费放映电影。从事过文化工作的李增美主动请缨，接过这项事业，成了一名公益电影放映员。"做了几十年的基层文化工作，让我觉得文化活动开展好了，大家的精神生活才会更加丰富。"李增美这样说。

李增美虽然年事已高，却通过不断钻研，突破了放映工作中遇到的各种问题，不仅熟练掌握了放映工作的操作流程，他还专门请

▲鄄城县引马镇电影放映员李增美向青年请教电影下载相关问题

▲鄄城县引马镇在新时代文明实践广场上开展"送电影下乡"文化活动

教村里的年轻人，从学习强国平台上下载最适合村民观看的题材，大家伙看电影的热情越来越高。遇到村里有红白喜事，他就放映移风易俗等相关主题电影；根据节气时令调整放映安排，保证放映效果；他还通过与大家伙品评影片人物、剧情，并联系时事政策，积极宣传党的创新理论。"李增美除了阴天下雨，基本天天为我们免费放电影，拉家常话里短，宣传党的二十大精神等，大家都非常喜欢。"村民张卫东说。

在别人看来，按程序放好电影就行了，李增美为何要操心这些事？老李给出的答案朴素却又不失真切。他说："电影放映员不能单纯地放电影，还得做政策宣传员、理论宣讲员。一想到能把丰富精神食粮带给大家，能把美德健康生活方式传递给四邻八舍，我就觉得特别值。只要身体能行，我愿意一直把公益电影放下去。"

（鄄城县引马镇营子村）

第

（4）章

美

德

思

考

美德健康新生活的多重意义和时代要求

——个人层面社会主义核心价值观
与道德建设贯通结合研究

2022年，山东省委立足推动中华优秀传统文化创造性转化、创新性发展，推进新时代美德山东建设，深化社会主义核心价值观融入日常生活，提出在全社会广泛倡树新时代美德健康新生活。山东省委宣传部（省文明办）科学谋划、强化部署、试点推进、创新路径，把倡树美德健康新生活与文明培育、文明实践、文明创建及全环境立德树人、"美德+信用"等统筹推进，努力构筑"厚道山东人"共有精神高地和道德家园。落实大调研工作安排，2023年4月，调研组按照"深、实、细、准、效"调研要求，采取实地调研、访谈座谈等方式，深入农村、社区、机关、学校、企业等60余个单位开展专题调研，同时开展"您心中的'如此生活'"美德健康新生活线上问卷调查，对一年多来全省倡树美德健康新生活情况进行全面梳理总结。

截至5月25日，全省24万余人参与了线上问卷调查。其中，99%的群众认为倡树新时代美德健康新生活很有必要，91%以上的群众参加过与"美德健康新生活"相关的活动，对本领域、本单位倡树美德健康新生活满意率达83%。调研发现，广大干部和基层群众对倡树美德健康新生活理念广泛认同、积极践行，一些新的良好社会风尚得到巩固和拓展。不少干部群众表示，"倡树美德健康新生活是适应新时代新征程、服务美好生活的民心工程""倡树美德健康新生活让村民之间实现了诚信利他的双向奔赴，实现了共同致富道路上的共建共享""美德健康新生活推动得好不好，直接关系到群众的幸福指数高不高""现在，生活中越来越多的美好替代了负面情绪，从舆论宣传到实际行为已经发生了巨大的转变，美德健康新生活已经深入人心并成为指引行为的新标准”。

一、倡树美德健康新生活成效逐步显现

2022年以来，全省各地聚焦倡树美德健康新生活，深化试点、创新实践，突出抓好"宣传倡导、教育引导、实践养成、典型带动、融合推进"，推出了一系列典型做法和先进经验，践行美德健康新生活在城乡基层逐步推开、落地见效。

1.倡树美德健康新生活成为推动中华优秀传统文化"两创"的具体实践。各地以倡树美德健康新生活为引领，注重将优秀传统文化中的美德"因子"注入群众日常生活，相继推出了"二十四节气精灵"卡通形象，建成"鲁源新村"儒学美德示范街区等，将中华传统美德、非遗技艺等纳入学校课程、融入全环境立德树人，用丰富多彩的活动吸引群众主动参与，在相互辉映、融合互促中，使优秀传统文化得以活起来、用起来、传得开，推动中华传统美德融入生活、浸润人心。淄博市聚焦倡树新时代美德健康新生活，深入挖掘丰厚的齐文化资源，推出"齐思政"特色思政公开课，实施"明德齐语"全环境立德树人工程，推广"管鲍杯""和和美美"等13大系列美德文创产品，发布齐人有礼"新风10条"和"管子说·美德"微信表情包，让优秀传统文化走进百姓日常生活。

2.倡树美德健康新生活成为培育和践行社会主义核心价值观的重要载体。各地将倡树美德健康新生活作为践行个人层面社会主义核心价值观爱国、敬业、诚信、友爱的形式载体，创新开办线上线下美德健康讲堂，打造美德公园、美德广场、美德长廊、美德会客厅等阵地，创作推出美德健康系列公益广告和原创小剧小戏小品。通过群众喜闻乐见、便于参与的形式方式，让美德健康新生活理念具体化、形象化，引导群众自觉践行社会主义核心价值观。烟台市高新区将新时代文明实践、美德健康生活方式、儿童文明素养教育与儿童游

乐有机结合，高标准打造区级儿童文明实践广场，设置"我的中国梦""文明的节日""居家生活文明礼仪"等8个主题文明小屋，穿插展示"儿童文明素养系列漫画"，因地制宜布设"社会主义核心价值观、讲文明树新风、关爱未成年人"等各类主题公益广告，建成功能完备、氛围浓厚、寓教于乐的活动阵地。青岛市崂山区创新推进IP强效带动，用活本土元素打造亲民形象"山哥海妹"，广泛"代言"各类倡树美德健康新生活公益活动。"山哥"传递文明事项，"海妹"讲述美德健康新生活，以"山哥海妹讲文明"为社区群众送去微信早安问候，引领美德健康新生活理念在群众间轻松实现"无壁垒"传播。

3.倡树美德健康新生活成为服务中心大局的重要力量。各地结合乡村振兴、文化体验廊道建设、黄河流域生态保护和高质量发展等重大战略，推动富农强村、文化旅游和美德健康新生活同向发力，创新推出"为老1号键""童心悦暮年""千医进万家"等"五为"志愿服务品牌项目，文明实践培训助力书画产业发展、美德网红打卡促进文旅融合、志愿服务助农直播等好做法让群众在践行美德中解难题、得实惠，推动美德健康新生活助推经济社会发展，为新时代社会主义现代化强省建设提供强大精神动力和道德支持。荣成市依托信用建设和志愿服务的先发优势，推动美德建设和信用建设相互赋能，打通新时代文明实践中心云平台、社会信用管理系统，在社会信用管理系统增设"美德"板块，全市81.3万个人、8.6万市场主体、330个部门单位、373个社会组织、831个村居组织，全部拥有专属的美德信用档案、人人都有"荣诚分"。51个部门单位出台信用激励政策256项，热心公益事业的爱心商家入驻"美德信用大集（信用超市）"。淄博市张店区聚焦推动美德进乡村，着力实施美学赋能工程，围绕个人素质、家庭文明、人居环境，通过"美在家庭"创建评选、"美学教育"公益培训课堂、"美丽乡村"志愿服务等文明实践活动，营造人人学习美、塑造美、展示美的良好社会氛围。

4.倡树美德健康新生活成为深化移风易俗的有效途径。各地深入开展美德健康新生活先进典型选树活动，广泛开展"反对浪费、文明办事""讲文明讲卫生、改陋习树新风"移风易俗行动，积极推进新礼仪改革，创新推出文明迎亲队、白事一碗菜、传家规亮家训等典型经验做法，逐步形成"好人好事有人夸、坏人坏事有人抓、新风正气传得开、陈规陋习必须改"的生动局面。日照市聚焦倡树"节俭绿色"的美德健康生活方式，探索推出"金融+"场景综合化"个人碳账户"平台，结合实际推出绿色生活、绿色政务、绿色支付、绿色信贷四大专区，开展碳权益兑换等一系列低碳主题趣味活动，个人节能减碳行为可量化碳积分换取奖励，积极引导城乡居民、中小企业在生产经营和日常生活中自觉节能减碳。寿光市孙家集街道东马疃村以"和美楼道"创评，推动邻里和睦楼宇美，制定"八讲八不"楼道文明新公约，开展"和美楼道"年度评选活动，现场比拼、一季一评、年终定档、挂牌表扬，以"小家力量"带动"大家行动"。

5.倡树美德健康新生活成为完善基层社会治理的有力推手。各地将美德健康新生活融入基层议事协商、道德评议、便民服务，健全完善村规民约、市民公约、学生守则、行业规则，建立美德积分制度，制定美德信用激励政策，推出了"信易购""信易贷""信易游"等惠享政策，通过美德积分兑换，让无形的美德积分转化为有形的礼遇支持，实现了文明有"价"德者有"得"，引导群众由旁观者转变为参与者、推广者、践行者，有力助推矛盾纠纷调处，促进了邻里和谐和社会稳定，用美德健康小切口书写基层治理大文章。菏泽成武县九女集镇鹿楼村通过美德积分转化，让无形的美德信用价值转化为有形的信贷资金，2023年以来，鹿楼村村民被银行授信共60余万元"美德信用贷"额度，全村掀起了比美德信用积分、做美德诚信模范、倡美德健康新生活的良好氛围。泰安市天平街道岩庄社区将美德嵌入居民信用，将道德激励融入生活日常，对公民道德、综合治理、志愿服务、协商议事、文明创建等23项正面行为给予加分，对乱停车辆、乱搭乱建、经营扰民、寻衅滋事等22项负面行为予以减分，划分六个信用等级，为每个居民建立了信用档案，每年设立5万元信用基金，每季度开展"诚信之星"评选活动，不定期召开美德信用积分兑换大会，擦亮了"岩而有信"的金字招牌。

二、存在的问题

1.宣传引导需要进一步加强。部分基层干部自身对美德健康新生活的重要意义、现实作用理解不深不透，对理念的宣传、解读、推广用力不够，宣传形式缺乏创意和吸引力，导致基层群众对美德健康新生活缺乏全面了解和认同，还没有形成全民参与、人人倡树的良好氛围。

2.载体形式需要进一步拓展。倡树美德健康新生活作为创新举措，各地策划开展的活动和项目很多，但挖掘本地优势资源、创新载体形式、培育特色亮点等方面还不够有力有效，精准对接基层群众的共性和个性化需求还不够，制约了美德健康生活方式的深入推广与普及。

3.融合路径方法需要进一步丰富。大部分地区能将美德健康新生活与新时代文明实践、志愿服务等工作相互贯通、融会互嵌，但依然存在文化内涵融合不充分、应用场景不丰富、创新创意不到位等现象。

4.政策保障力度需要进一步加大。部分地方美德健康新生活缺乏相应制度、机制，对现有资源整合不够，资金投入较少，在典型选树、褒奖激励方面，还缺少有力载体和举措，礼遇帮扶模范典型的范围还需拓展。

三、深化拓展美德健康新生活的工作建议

倡树美德健康新生活，是山东作为孔孟之乡、文化大省，发挥优势、彰显山东特色，贯彻落实好习近平总书记文化"两创"思想的重大探索，是传承弘扬中华优秀传统文化，推动社会主义核心价值观落

细落小、融入日常的山东实践。白玉刚部长对此高度重视，做出重要指示："推动新时代美德健康新生活要注意把握几点：一是突出个人层面社会主义核心价值观与中华优秀传统美德的融通，倡导个人的修身之道、居家之道、与人交往之道、生活消费之道、敬事敬业之道。二是突出个人美德与个人身心健康的贯通，倡导讲美德才能有长久的身心健康，要持久的身心健康就需要讲求美德。三是突出个人美德与个人社会信用的联通，倡导有美德有信用、好人有好报。四是突出典型示范引领，倡树在机关、村居、社区、学校、企业、单位、网络中形成人人讲美德社会氛围。"贯彻落实白部长指示要求，倡树新时代美德健康新生活要从以下几个方面持续发力。

1.深化宣传阐释。讲清楚倡树美德健康新生活的现实意义和实践要求，强化干部群众对美德健康新生活的理解认识、道德认同。一是扎实开展业务骨干、基层书记、宣讲队伍培训，纳入各级党校（行政学院）课程，解决好新时代美德健康生活方式是什么、为什么倡树、怎么推进等基本问题。开展美德健康新生活研讨会、培训会、分享会，实现业务培训与人才培养、项目培育相融合。二是持续用好习语润心、明理胡同等宣讲品牌，以快板、戏曲、情景剧等群众易于接受、乐于参与的活动形式，广泛开展美德健康新生活宣讲。三是抓好《如此生活》大众读本的转化使用，开展"美德健康新生活"文创产品推广及设计活动，推出"苏小妹说'美德健康新生活'"融媒体产品和《如此生活》漫画版图书。

2.注重贯通结合。统筹推动文明培育、文明实践、文明创建，通过培育示范典型、挖掘地方资源、创新载体形式等途径，不断满足群众共性和个性化需求。一是与文明培育贯通结合。聚焦个人层面社会主义核心价值观践行，把倡树美德健康新生活各项要求纳入村规民约、市民公约、学生守则，更好发挥规范、调节、评价作用。结合婚丧嫁娶、读书启蒙、成人升学、重要节日等重大事件、时间节点，大力弘扬中华传统美德，创新推行婚、丧、寿、节等新礼仪。立足全环境立德树人教育，实现学校、家庭、社会互促共建。**二是**与文明实践贯通结合。发挥好新时代文明实践中心（所、站）阵地作用，围绕"五为"志愿服务，健全整体联动的协调机制，探索建立"政务服务+文明实践+社会组织+商超企业"一站多点的新时代文明实践综合体，打造"童叟微心愿""情暖夕阳红"等特色志愿服务品牌。突出美德健康主题元素，从统一标识、设置打卡地图等入手，打造"四廊一线"新时代文明实践展示带（区）。**三是**与文明创建贯通结合。将美德健康新生活纳入文明城市、文明村镇、文明单位、文明家庭、文明校园"五大创建"考评体系，融入文明城市创建全过程各环节。实施美德健康新生活公益广告精品工程，在公园广场设置景观雕塑，在主干道设置标识标牌，通过微创意、微改造，将老旧小区、背街小巷的"城市疮疤"变成富有特色的美德景观小品。

3.**融入日常生活**。营造易于落地践行的生活情景和社会氛围，促进价值观从"理论形态"向"生活形态"的转换。**一是**融入地域文化。充分挖掘本地区文化中优秀的道德规范和人文精神，因地制宜建立"文化长廊""文化墙""文化小景观"等设施、场所，以剪纸、陶塑、绘画、诗歌创作等方式，推动优秀传统美德涵育文明新风。**二是**丰富场景应用。不断丰富美德街区、美德公园、美德基地等"美德+"应用场景，用好新时代文明实践"结婚礼堂""文明迎亲队"等一批新婚礼模式，鼓励民间成立"和事佬""美德健康新生活"工作室（坊）等，推动落在身边、化作经常。**三是**加强创意策划设计。通过征集赛事等形式广泛征集创意作品，将美德健康新生活日常要求，转换成喜闻乐见的文化形象标识，融入鼠标垫、即时贴、书签、抽纸盒、环保手提袋等生活化文创产品，微信表情包、动漫微视频等融媒体产品，推动美德健康生活方式融入日常、浸润生活。

4.**突出激励引导**。实现美德和信用的相互赋能，推动全社会崇德向善、重信守诺、见贤思齐。**一是**加强典型选树。健全完善联动选树机制，推选发布一批"齐鲁美德之星""美德家庭""美德机关""美德村居（社区）""美德校园""美德企业"，推出一批自律助人、孝老爱亲、诚信利他、节俭绿色、共建共享的身边榜样，支持美德信用先进典型优先参评道德模范、时代楷模、最美人物、身边好人和文明单位、文明家庭。**二是**用好信用抓手。统筹推进新时代文明实践志愿服务信息平台和社会公共信用信息平台建设，推动"两个平台"数据互联互通、信息共享共用。拓展美德信用试点范围，推动美德和信用建设不断融入经济发展、乡村振兴、基层治理等工作。**三是**推广美德积分。制定山东省美德和信用激励嘉许办法，鼓励地方结合自身特点，完善美德评价应用机制。支持地方设立"美德基金""美德超市""爱心商家联盟"等，以积分兑换的形式，对美德信用先进家庭、个人和单位提供金融、政策、荣誉、礼遇等方面支持。探索为美德模范身在异地的父母、子女，提供精准有效的志愿服务，推动德者有得、好人好报。

5.强化组织保障。**一是**健全工作推进机制。建强用好统筹推进美德和信用建设工作协调机制，发挥文明实践领导小组和联系帮包制度作用，统筹调度、协调推进，在阵地建设、平台搭建、队伍建设、活动倡导、激励褒奖等方面给予有力扶持。**二是**强化考核督导。将倡树美德健康新生活工作纳入意识形态工作责任制监督检查和专项巡察、纳入单位绩效考核，作为文明创建、文明实践评估的重要内容，以考核压实责任、以责任推动落实，实现常抓常管长效。**三是**营造浓厚氛围。发挥全媒体宣传平台作用，策划开展美德健康生活方式系列主题宣传、深度评论、人物访谈等，加强公益广告创作展示和推送，及时总结推出一批先进典型和鲜活案例，推动形成人人倡树、人人参与、人人践行的生动局面。

（山东省委宣传部）

关于统筹推进美德山东和信用山东建设调研报告

按照学习贯彻习近平新时代中国特色社会主义思想主题教育和全省宣传思想战线大调研的有关要求，结合今年我部安排部署的重点任务，调研组围绕统筹推进美德山东和信用山东建设，聚焦试点工作进展、重点难点问题和迫切需要解决的问题等，深入泰安岱岳区、新泰市，枣庄市薛城区、滕州市，临沂费县、德州宁津县、威海荣成市、济宁曲阜市等试点县（市、区）开展实地调研，并收集汇总各市各单位反馈工作进展情况，形成本调研报告。

一、基层创新实践初显成效

2022年以来，在充分汲取基层实践经验的基础上，经省委常委会研究审议，我部会同省发展改革委制定印发《关于统筹推进美德山东和信用山东建设的意见》，重点以县域为主体，面向个人、家庭和社会等基本单元，深入实施"五进"工程，通过美德与信用的有效融通、相互赋能，为加强新时代美德山东建设提供有力抓手。全省上下高度重视，16市特别是34个试点县（市、区）结合本地实际，加强统筹协调、出台实施意见、制定工作方案、建立清单台账、配备骨干力量、鼓励先行先试、打造基层点位、广泛宣传动员，全面推进工作平稳有序开展。我们在调研时发现，统筹推进美德和信用建设在基层社会治理、营商环境、文明风尚等方面，发挥了十分重要的推动作用，取得一定成效。

1.统筹推进美德和信用建设，有效助力经济社会高质量发展。美德和信用建设，是经济高质量发展的基石，是良好营商环境的重要组成部分，对构建新发展格局、推动经济社会高质量发展具有十分重要的意义。一方面，各试点县（市、区）打造诚信政府，特别是行政执法、工商税务、发改信用等部门积极作为，将美德信用与城市管理、政务服务等有机融合，建立信息化平台对商户进行积分动态管理，为诚信商户、星级店铺提供"美德信用贷"等应用，有效提升政务服务质量。另一方面，各地深化美德信用进企业，培养诚信经营、质量优先的企业文化，加强职工诚信教育，组织企业签订信用承诺书，选树打造诚信企业品牌等，有效助推企业高质量发展。比如，各地纷纷打造美德信用数字平台，"上善莱西"、信用龙口、敢当分（泰安岱岳）、美德信用大集（荣成）、德信宁津、信义东昌府等APP和小程序，在基层得到广泛应用。费县执法局推行城市管理+美德信用转化，今年一季度评定三星级店铺723家、四星级858家、五星级36家，向131家美德店铺发放美德信用贷款3185万元，激发了沿街商铺业主积极参与城市管理的热情，实现了从"要我做"到"我要做"的转变。宁津县把统筹推进美德和信用建设与高质量发展相结合，大力推动美德和信用进企业，打造家具、健身器材、电梯三大产业品牌，培植重合同、守信用、忠实履约的诚信企业，不断壮大产业发展。新泰市公共信用信息服务中心建立完善信用信息服务平台，将各类主体美德信用情况作为干部使用、党员审查、职称评定、评先树优、行政审批、招投标、融资贷款等主要依据。

2.统筹推进美德和信用建设，有效助力社会治理水平的全面提升。提升社会治理水平要坚持以人为本、以民为先。各试点县（市、区）下辖村庄、社区结合本地群众生产生活实际，建立美德信用评价体系，将群众参与环境治理、志愿服务、邻里互助等纳入美德积分管理，按照统一标准规则评定等级、设置加分项目、给予激励褒奖，建立美德超市、暖心食堂等应用场景，为群众提供社会服务，以"小积分"推动构建基层社会治理大格局。比如，青岛西海岸新区推行"德育乡村"，建立村民行为评价指标体系，开展"积分银行"行动，以"志愿服务+美德积分"的形式，鼓励居民参与理论宣讲、移风易俗、倡树新时代美德健康生活方式等志愿服务活动，使互助、诚信等内在美德转化为实际行动，推动美德乡村建设。费县新庄镇党委坚持"一口唾沫一个坑"建设诚信政府，对基层的许诺说到做到，实施"行为换积分、积分变习惯、习惯化新风、新风引人才"助力乡村振兴。半年多来，该镇由各项排名全县倒数的落后镇一跃成为领头的先进镇。镇党委干部表示，这项工作不仅改变了村容村貌，也凝聚了人心，村民们矛盾纠纷、打架斗殴的少了，互帮互助多了，干群关系也融洽了，多年的难题顽疾得以化解。企业家从"闻风丧胆"不愿投资转变为"欣然前往"主动追加投资，就连那些老上访户都"销声匿迹"，主动配合党委政府的工作。

3.统筹推进美德和信用建设，有效助力群众获得感幸福感的切实增强。推进各项工作融入群众日常生活，必须坚持"以人民为中心"的发展思想。各试点县（市、区）把为民、利民、惠民体现到美德和信用建设各个方面，通过组织宣传宣讲、建立评价体系、开展文明实践志愿服务、打造美德信用超市、激励褒奖美德信用主体等载体途径，充分调动群众参与热情，激发群众内生动力，让德者有德、好人好报，真正实现了人人参与、人人尽力、人人奋斗、人人享有的物质生活和精神生活共同富裕之路。比如，威海荣成市、日照莒县、泰安市岱岳区签订信用激励应用场景建设战略合作协议，实现三地信用评价互认、美德积分转化、文旅资源共享。三地信用等级AAA级诚信个人可以免费游览泰山花海景区、荣成市成山头景区、莒县浮来山景区等。泰安市岱岳区天平街道板大山村村民说，原来村里"路不好名声也不好"，自从推行美德信用建设后，"发生了翻天覆地的变化，从地下上天了"。村支部书记黄永美表示："以前安排工作得扯着嗓子在喇叭上一遍一遍地喊，现在党支部带着大家做什么就能成什么，大家都支持。三岁的孩子到七八十岁的老人，都知道维护我们的新家园，什么叫幸福，这就是幸福。"

4.统筹推进美德和信用建设，有效助力社会文明程度的不断提高。统筹推进美德和信用建设是倡树新时代美德健康生活方式的有力抓手和重要举措。各试点县（市、区）将"反对浪费、文明办事"等推进移风易俗、倡树文明新风工作纳入美德积分评价管理，引导形成崇德向善、重信守诺、民风和美的文明新风。比如，枣庄市薛城区邹坞镇马庄村以"诚信友爱"为主题，打造"惠民小院"，开设爱心食堂、信用超市，为村内70岁以上老人提供就餐，成本价承办红白事等，有效激发了群众的"主人翁"意识，营造了共建共治共享的良好局面。村支部书记王乐乐表示，美德和信用建设助力弘扬文明新风，实现了从"旁观者→参与者→奉献者"的转变。泰安市岱岳区板大山村建设无人看管的"德誉超市"，该超市只"借"不"卖"（只要您需要，德誉便接单，物品"助"，志愿"抵"），村民可凭做志愿服务得到的积分兑换日常生活用品，也可以提前借用，再积攒积分进行抵扣，营造了人人讲诚信、家家讲诚信的浓厚氛围。

5.统筹推进美德和信用建设，有效助力时代新人的教育培养。全环境立德树人是美德和信用建设题中应有之义，是在教育领域的具体实践。各试点县（市、区）把实施全环境立德树人摆上重要位置，与统筹推进美德和信用建设同研究、同部署、同推进。特别是在中小学校，突出以德立校、以德立师、以德立生，把立德贯穿教育教学全过程、老师职工学生全员、课堂课间课后全时段，为培养担当民族复兴重任的时代新人提供了强大精神力量。比如，威海市望海园中学开展签订"美德诚信"承诺书，节日美德诚信教育、"诚信旅途"研学、"诚信自助餐"社会实践，评选诚信美德少年，建设诚信读书角等系列活动。泰安市岱岳区岳峰小学制定《三主体信用登峰评价细则》，实施"卡章杯一兑换"信用登峰评价，为学生建立"信用储蓄存折"，激励学生将"日行一善"根植于心。成武县郜城第五实验小学设立"诚信超市""诚信读书角"等环境育人场所，把美德诚信融入日常，化为行动，培养未成年人的诚信意识。

二、面临的主要困难和问题

统筹推进美德和信用建设是一项复杂的系统工程，涉及部门单位多、统筹协调难度大、基层实际情况各不相同，虽然各地各部门单位主动作为、创新实践，取得了阶段性成果，但仍然面临一些困难和问题有待解决。

1. 从试点先行到全面覆盖，面临较大挑战。从实地调研情况看，各试点县（市、区）围绕"五进"工程，在机关企业、城乡村镇社区打造了美德信用示范点，形成了一批可复制、可推广的经验做法。但这些试点工作成效较好的村镇社区有个共同的特点，就是党委主要负责同志业务能力强、领导班子团结，且有相对稳定的集体收入。把他们的好做法、好经验复制到其他村镇社区，能否发挥应有的作用，能否取得同样的效果，有待实践验证。

2. 从物质激励到常态长效，存在现实困境。目前，各试点村镇社区都推出"美德积分超市"等实物兑换的激励模式，迎合了群众的现实需求。兑换的物品多由村集体购买、企业捐款、社会捐赠等渠道获得，随着群众参与度逐级提高，积分兑换物品数量将不断增加，各类兑换物品能否及时补充，资金从何而来；如何从物质奖励向精神激励转变而不影响群众参与热情，形成常态化激励褒奖，有待探索创新。

3. 从机关单位到网络空间，还有薄弱环节。各地在推进"五进"工程中，进机关单位、村庄社区、学校家庭、企业行业都在如火如荼地开展，形成了一些好经验、好做法，涌现出很多可供学习借鉴、复制推广的典型案例。但在"进网络空间"方面，各县（市、区）受限于县级层面网络管理权限，虽然开展了一些活动，但线上活动内容不够丰富，形式较为单一，且未见有较为成熟的示范点、经验做法和品牌。如何加强美德和信用"进网络空间"，值得认真思考。

4.从美德建设到信用建设，需要深度融合。半年来，全省上下特别是党委宣传部、发展改革委等部门，按照省里统一部署要求，不断提高思想认识，打破壁垒隔阂，加强统筹协调，积极推动美德和信用融合融通、转化应用，部分试点县（市、区）取得实质性突破。但从具体操作层面来看，在评价体系方面，存在美德积分与信用评价体系不对应、不匹配等问题；在转化应用方面，存在"各自为政"缺少同频共振、同向发力等问题；在平台数据方面，存在美德平台与信用信息平台数据不联通、缺共享等问题。这些"软件之间不兼容、不同步"的问题，有待统筹解决。

三、下一步工作建议

统筹推进美德和信用建设刚刚起步，在具体实践中难免会遇到各种各样的困难和问题，可谓任重道远，非一日之功。要进一步明确目标方向，统筹协调各方面资源力量，认真研究具体推进措施，扎实有效开展各项工作，确保取得实实在在的成效，真正实现群众参与、群众满意、群众受益。

1.加强组织领导。省文明办会同省发展改革委，加强统筹协调，每月调度汇总34个各试点县（市、区）进展情况，每季度调度省直各有关部门单位重点工作任务完成情况，分析问题原因，提出指导意见。

2.优化政策支持。省直各有关部门单位按照重点工作任务清单，加强沟通协作，保质保量按时完成各项工作。鼓励支持省级各职能部门、各行业主管部门制定出台支持政策，为基层创新实践保驾护航。

3.完善工作机制。尽快制定印发《山东省美德和信用激励嘉许办法》，为基层实践提供政策指导和基本遵循。指导各试点县（市、区）在前期已经制定出台相应工作方案、机制办法的基础上，进一步明确工作机构、配备专业人员、加大投入力度。

4.加强调研指导。采取"四不两直"等方式深入农村社区、机关单位、企业行业、学校家庭等进行调研，既发现问题、研究问题、解决问题，又总结好经验好做法，在全省推广，供各地借鉴。

5.加大宣传引导。指导各市、试点县（市、区）开展美德和信用主题宣讲，丰富宣讲形式。做好典型选树工作，推出一批"齐鲁诚信之星"。在各级各类媒体对美德信用先进典型进行广泛宣传，营造崇德向善、见贤思齐、好人好报的浓厚社会氛围。

6.强化平台支撑。依托新时代文明实践志愿服务平台"志愿山东"，建设新时代美德山东信息平台。依法依规推进该平台与省公共信用信息平台实现互联互通、数据共享共用，拓展美德信用数据应用渠道。

7.严格督导落实。把统筹推进美德和信用建设纳入意识形态工作责任制督导检查和专项巡察，作为单位绩效考核、精神文明创建的重要内容，定期督促指导，推动落实。

（山东省委宣传部）